Nuevos desafíos a tu mente

Redbook

Nuevos desafíos a tu mente

David Izquierdo

© 2021, Redbook ediciones

Diseño de cubierta: Regina Richling

Diseño de interior: Quim Miserachs

Ilustración de cubierta: Shutterstock

ISBN: 978-84-96746-80-0

Depósito legal: B-9.977-2021

Impreso por Ulzama, Pol.Ind. Areta, calle A-33, 31620 Huarte (Navarra)

Impreso en España - *Printed in Spain*

Introducción

Tienes ante ti una colección de desafíos para hacer "traba-
jar" tu mente y para que pases un buen rato y desarrolles
tu capacidad deductiva.

Algunos son problemas clásicos, otros tienen un carácter más
innovador, de cualquier manera tienen siempre ese delicado
equilibrio entre dificultad e imposibilidad que suelen plantear-
se en estas recopilaciones. Muchos de los problemas presentados tienen una cierta antigüedad y han servido durante ge-
neraciones para aprender y pasar un buen rato.

Intenta adoptar un método sistemático para avanzar y aprender de tus propios errores; en algunos casos son varios los ca-
minos que puedes emprender para hallar la solución correcta.

Con estos juegos podrás activar distintas zonas de tu cerebro
y estimular tu agilidad mental, esto es, adoptarás nuevos hábi-
tos para reflexionar creativamente, planificando o modificando
el curso de tu pensamiento para adaptarte a cada reto que se
te imponga. No olvides que el cerebro, como cualquier otro
órgano, también envejece, por lo que necesita mantenerse activo y en perfecto funcionamiento. A través de estos juegos
podrás practicar habilidades cognitivas como la lógica, la des-
treza, la matemática y el pensamiento creativo al tiempo que
te diviertes. Y si te pierdes en algún laberinto deductivo, al final
del libro hallarás el atajo que te conducirá a la solución.
¿Te atreves a probarlo?

Ejercicios

(Respuestas en página 119)

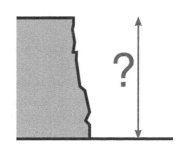

1. Acantilado

Estás en lo alto de un acantilado. Tienes un reloj y una piedra.
¿Cómo podrías saber la altura del acantilado?

2. Eliminatoria

En la eliminatoria para el Campeonato Anual del Club de Golf se jugaron un total de 87 partidos. Un jugador tuvo que retirarse en la segunda ronda por un viaje de negocios y otro jugador dejó ganar a su oponente en cuartos de final por encontrarse enfermo.

Determina mentalmente cuántos jugadores pasaron a jugar el campeonato.

3. Campo

Un hombre puede segar un campo en 6 horas.
Un hombre puede segar un campo en 5 horas.
Un hombre puede segar un campo en 4 horas.
Un hombre puede segar un campo en 3 horas.
Un hombre puede segar un campo en 2 horas

Si trabajan todos juntos cada uno a su tiempo,
¿cuánto tardarán en segar el campo?

4. Cuadrado mágico

Divide este cuadrado en cuatro
secciones iguales y distribú-
yelas de nuevo para formar un
Cuadrado Mágico en el que los
números de cada línea vertical,
horizontal y diagonal de esquina a esquina, sumen lo mismo.

18	99	86	68
88	69	98	16
61	16	18	99
19	68	11	96

5. Decimal

Todos los decimales periódicos pueden obtenerse con una
fracción. ¿Qué fracción generaría el decimal periódico?

$$0,78\overline{5555}$$

6. Velocidad media

Un hombre hace un cierto recorrido a 6 km/h corriendo, y vuelve andando por el mismo camino a 4 km/h.

¿A qué velocidad media va?

7. Hija

Soy cuatro veces mayor que mi hija.
Dentro de 20 años seré dos veces mayor que ella.
¿Cuántos años tenemos ahora?

8. Encuentra la secuencia

Forma a partir de esta cuadrícula una secuencia de números simple, empezando por la casilla de arriba a la izquierda y moviéndote horizontal, vertical o diagonalmente hacia la casilla de abajo a la derecha, de casilla en casilla. Tan sólo puedes pasar una única vez por cada casilla.

1	1	2	1	2	1
1	2	6	2	6	1
1	4	2	1	0	3
7	3	9	2	9	7
7	6	7	7	9	1
4	5	6	6	5	4

9. Hijas

El capitán del equipo de dardos necesitaba 72 puntos para ganar. Tiró un dardo y dijo: "Si sumas las edades de mis tres hijas tendrás la puntuación de ese dardo. Si multiplicas las edades, la respuesta es 72."

Entonces su contrincante dijo: "Así no puedo saber la edad de tus hijas." "Mi hija mayor se llama Natasha," dijo el capitán. "Ahora ya lo sé," dijo su contrincante.

¿Cuántos años tenían?

10. Octodado

Con un par de dados de 8 caras, ¿cuáles son las probabilidades de sacar como mínimo 12 en una tirada?

11. Cuadrado mágico

Completa la cuadrícula con los números que faltan del 1 al 16 para formar un Cuadrado Mágico en el que cada línea horizontal, vertical y diagonal de esquina a esquina sume 34.

		15	
5		10	

12. La carrera

Dos hombres corren en una carrera de 100 metros y el hombre A gana por 10 metros. Entonces deciden hacer las cosas más justas en una segunda carrera, dando 10 metros de ventaja al hombre B. Realizan la carrera a la misma velocidad que la anterior.

¿Cuál será el resultado?

13. Fracciones mixtas múltiples

La única manera de representar el número 15 en una fracción mixta utilizando los dígitos 1-9 una vez cada uno, es haciendo una pequeña trampa del siguiente modo:

$$3 \frac{8952}{\left(\frac{746}{1}\right)}$$

¿Sabrías encontrar un modo similar para representar el número 18?

14. Secuencia

¿Qué vendría después en esta secuencia?

155, 210, 225, 240, ___?

15. Avanzar y retroceder

Un hombre está paseando a su perro en dirección a su casa a una velocidad constante de 4 km/h. Cuando están a 10 kilómetros de casa, el hombre suelta al perro y éste corre inmediatamente hacia casa a 6 km/h. Cuando el perro llega a la casa vuelve a correr a la misma velocidad hacia el hombre. Cuando lo alcanza vuelve a dirigirse a la casa. Esto se repite hasta que el hombre llega a casa y deja entrar al perro.

¿Cuántos kilómetros recorre el perro desde que lo suelta hasta que entra en la casa

16. Bridge

¿Qué probabilidades hay de que te repartan un palo completo en el bridge?

¿Es, hasta la última decena, (a), (b), (e) o (d)?

uno entre:

914 010 (a)
671 732 590 (b)
153 753 389 900 (c)
441 219 684 739 800 (d)

17. El cubo de Rubik

El cubo de Rubik está hecho de 54 cuadrados de 6 colores diferentes. Estos cuadrados pueden girarse en todas las direcciones, con la finalidad de conseguir que cada una de las seis caras del cubo sea de un solo color.

Intenta adivinar el número total de posiciones que se podrían obtener.

¿Es (a), (b), (c) o (d), aproximadamente?

(Sólo un auténtico matemático podría encontrar la respuesta.)

(a) **4 seguido por 19 ceros**
(b) **4 seguido por 21 ceros**
(c) **4 seguido por 23 ceros**
(d) **4 seguido por 25 ceros**

18. Secuencia

¿Qué número seguiría esta secuencia?

2, 13, 89, 610, 4181, 28657, _____?

19. Serie

¿Qué número sería el próximo en esta serie?

4, 8, 15, 30, 37, 74, ___?

20. Nueve

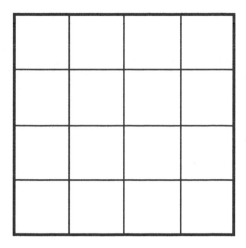

Cuando la suma de los dígitos de un número es perfectamente divisible por nueve, el propio número es divisible por nueve.

Por ejemplo: 7767, en el que 7 + 7 + 6 + 7 = 27.

Sabiendo esto, coloca los dígitos que te damos en la cuadrícula, de forma que cada línea horizontal y vertical, en los dos sentidos, sea divisible por nueve.

1, 1, 1, 2, 3, 4, 5, 5, 6, 6, 7, 7, 7, 8, 9, 9·

21. Serie

¿Qué número sería el próximo en esta serie?

147,144, 12, 9, 3, ___?

22. Adición

En esta suma, sólo una de las cinco comas de decimales está en posición correcta. Modifica la posición de las cuatro comas incorrectas para que la suma sea correcta.

$$
\begin{array}{r}
47,5 \\
38,627 \\
125,6 \\
+\ 1583,1 \\
\hline
4508,57
\end{array}
$$

23. Calcetines en la oscuridad

Un hombre tiene 29 calcetines en un cajón, 9 de los cuales son azules, 8 grises y 12 negros.

Se han fundido los plomos y se encuentra completamente a oscuras.

¿Cuántos calcetines tiene que sacar para asegurarse de que tiene un par de cada color?

24. Naranjas

En un saco de naranjas , 4 de 52 están malas. ¿Qué probabilidades hay de sacar 2 malas?

25. Números cuadrados

Cada línea horizontal y vertical contiene los dígitos de diferentes números cuadrados de cuatro cifras. En cada número, los cuatro dígitos están siempre ordenados de forma correcta, pero no son necesariamente adyacentes. Cada número se utiliza una única vez.

¿Podrías encontrar los 16 números cuadrados de cuatro cifras?

3	5	7	7	7	7	1	6
1	1	5	3	4	2	1	1
3	6	7	5	4	8	6	9
1	8	2	9	2	5	3	9
9	2	2	1	8	6	6	6
6	1	2	8	4	4	9	3
3	1	1	6	3	9	9	6
4	6	5	8	9	8	9	6

26. El número perdido

¿Qué número falta?

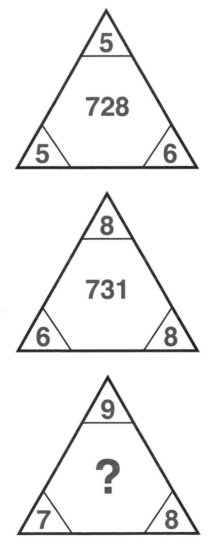

27. Conexiones

Introduce los números del 0 al 12 en los círculos en blanco de tal forma que, para cada círculo, la suma de los números en los círculos directamente conectados a éste sea igual al valor que corresponde a cada número 0-12 según la lista.

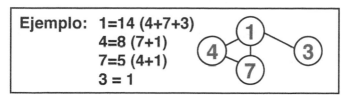

Ejemplo: 1=14 (4+7+3)
4=8 (7+1)
7=5 (4+1)
3 = 1

0 = 18
1 = 12
2 = 21
3 = 16
4 = 6
5 = 23
6 = 22
7 = 27
8 = 0
9 = 5
10 = 41
11 = 19
12 = 10

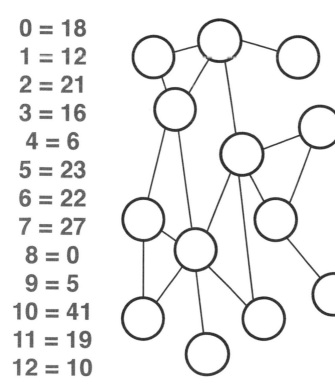

28. Secuencia

¿Cuál es el próximo número?

74169, 183, 74, 65, 61, 37, 58, 89, 145, ___?

29. Carrera de caballos

En una carrera de seis caballos, las apuestas iban del siguiente modo:

N° 1   **2 a 1   En contra**
N° 2   **3 a 1   En contra**
N° 3   **5 a 1   En contra**
N° 4   **6 a 1   En contra**
N° 5   **10 a 1 En contra**

¿Qué probabilidades debería tener el sexto caballo para que el corredor de apuestas sacara un beneficio alrededor del 12%?

30. Los números perdidos

A partir de la información que te damos, añade los números que faltan.

2713		8
1936		
7413	84	

31. Aritmética mental

¿Podrías decir rápidamente, sin papel ni lápiz, la suma de todos los números del 1 al 1000 inclusive?

32. Nivel del mar

¿A qué altura, con respecto al nivel del mar, tendrías que situarte para estar a una distancia real del mar de 12 millas?

33. Emplea tu cerebro

Escribe los números que faltan para que todos los cálculos sean correctos, tanto horizontal como verticalmente. Todos los números son menores de 10 y no hay 0.

	+		÷		=	3
−		−		−		×
	+		+	3	=	
×		+		÷		÷
	×	2	÷		=	
=		=		=		=
9	−		+		=	

34. Fracciones mixtas

El número 16 se puede representar mediante una fracción mixta utilizando solamente dígitos del 1 al 9, tan sólo una vez cada uno:

$$12 \ \frac{3576}{894}$$

¿Cómo representarías, de manera similar, los números 20 y 27?

35. El discordante 11

¿Cuál de estos números está en discordancia con los demás?

4913
6859
5832
17576
19683

36. Serie

¿Cuál es el próximo número de esta serie?

28, 30,32, 33, 34, 35, 36, 38, ___?

37. Once

Cuando las sumas de los dígitos alternos de un número son iguales, ese número es exactamente divisible por once. Por ejemplo: 5841, donde 5 + 4 = 8 + 1.

Teniendo en cuenta esto, coloca los dígitos que te damos en la cuadrícula de forma que los números de cuatro cifras de cada línea horizontal y vertical, sean divisibles por once, en los dos sentidos.

0, 1, 1, 2, 2, 3, 3, 4, 5, 6, 7, 8, 8, 8, 9, 9.

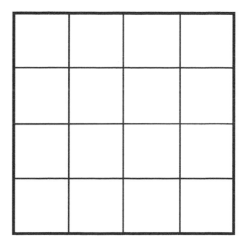

38. Impares en el interior

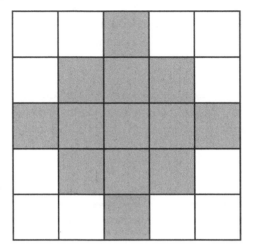

Escribe los números del 1 al 25 en las casillas de la cuadrícula para formar un Cuadrado Mágico de modo que cada línea horizontal, vertical y diagonal de esquina a esquina, sume 65.

Todos los números impares deben quedar en la parte oscurecida.

39. ¿Qué viene ahora?

¿Qué número completa esta secuencia?

763592, 468, 32, ___?

40. Ranas

Si 5 ranas cazan 5 moscas en 5 minutos, ¿cuántas ranas se necesitarían para cazar 50 moscas en 50 minutos?

41. El enigma de la Esfinge

El que habla hoy día de una esfinge posiblemente piensa en una *femme fatale*, una mujer misteriosa y que trae muy mala suerte a los hombres. Los antiguos griegos iban un paso más allá. Para ellos la Esfinge era un monstruo y una devoradora de hombres.

Vivía en un monte cercano a la ciudad de Tebas. De allí levantaba todos los días el vuelo para acercarse a las murallas de la ciudad y seducir a los jóvenes. Cuando uno de éstos se le acercaba, cautivado, le hacía grandes promesas... siempre y cuando él fuese capaz de resolver un enigma que le proponía. Caso contrario, lo devoraba. Pese a la horrible perspectiva, a diario caía un joven imprudente.

El rey Creonte de Tebas estaba harto de tanta mortandad y recordó que un oráculo había profetizado que Tebas se vería libre del monstruo cuando alguno de los jóvenes adivinase el enigma de la Esfinge. Y como los tebanos, por lo visto, eran demasiado ingenuos, hizo anunciar por todo el país que el vencedor de la Esfinge sería premiado con el trono de Tebas y la mano de Yocasta, la hermana de Creonte. Cuando se enteró, Edipo corrió a Tebas y se presentó a la Esfinge, quien le planteó la dificultad siguiente:

«*Camina a cuatro patas por la mañana, sobre dos patas a mediodía y sobre tres patas al anochecer.*»

Edipo la resolvió y libró de la Esfinge a Tebas. Si se hubiese equivocado, tal vez se habría evitado un final tristísimo y a nosotros, el complejo de Edipo.

42. Picardías

Son viejas como la humanidad misma, modificadas apenas para actualizar lo indispensable. Muchas eran ya antiguas cuando Gian Francesco Poggio publicó su *Líber Facetiarum*. Éstas tienen recio sabor decimonónico:

1 Lo lleva el hombre por delante, lo saca con mucho recelo,
tiene cabeza, y en ella no hay pelo.

2 En las manos de las damas estoy metido
unas veces estirado y otras encogido.

3 Te extiendo y te abro, no cabe duda que te hundo
una cuarta de carne cruda.

4 Señoras y señoritas, casadas y solteritas,
se las ponen estiraditas y se las sacan arrugaditas.

5 Entra seco y oliendo a goma, pero sale mojado
y oliendo a pescado.

6 Qué es una cosa que tiene pelos por fuera, está húmeda por dentro, empieza por «C» y acaba por «O».

43. Una de pirómanos

El templo de Diana en la época de su esplendor estaba considerado como una de las siete maravillas del mundo. En el año 356 quedó destruido por las llamas.

Al incendiario lo atraparon en seguida, y hubo de confesar bajo tormento los motivos de su alocada acción. Dijo que lo había hecho para que su nombre pasase a la posteridad y fuese recordado por todos. Empujado por tan necio deseo destruyó el mayor santuario de la Antigüedad. Es fácil imaginar la indignación de los sacerdotes que lo condenaron a muerte y, además, decretaron que su nombre fuese borrado y jamás volviese a pronunciarlo nadie.

Tal vez lo habrían conseguido, a no ser por la indiscreción del historiador Teopompo que ha contado el suceso. Y todavía hoy, los actos de vandalismo que obedecen a una motivación parecida reciben el nombre de aquel maníaco de la Antigüedad.

¿Sabe usted cuál era ese nombre?

44. Los enigmas de Alejandro

Cuando Alejandro Magno conquistó el norte de India cayeron en su poder siete sabios que habían excitado al pueblo contra él con sus discursos. Como respetaba la sabiduría, quiso hacerles un pequeño favor antes de ejecutarlos, y fue que los llamó ante sí y les planteó una pregunta difícil a cada uno. El que peor contestara sería el primero en morir, y la decisión correspondería al más anciano de ellos.

Al primero le preguntó Alejandro:
   -«¿Dónde hay más animales, en la mar o en la tierra?».

Al segundo le propuso lo siguiente:
   -«¿Qué fue primero, el día o la noche?».

Al tercero le preguntó:
   -«¿Qué es mayor, el número de los vivos o el de los muertos?».

El acertijo para el cuarto fue:
   -«¿Qué es más fuerte, la vida o la muerte?».

Al quinto le preguntó Alejandro:
   -«¿Qué dura más, la nada o el ser?».

Y al sexto:
   -«¿De qué manera puede un hombre convertir se en un dios?».

Tenía entonces que decidir al séptimo sabio, el más anciano de todos, cuál de ellos había contestado con menos acierto. Tras breve reflexión él anunció:

   -Cada uno de ellos ha contestado peor que los demás -a lo que respondió Alejandro:

-Pues entonces, tú serás el primero en sufrir el último suplicio.

El anciano protestó:

-Noble rey, tú no pronunciarás esa orden porque incumplirías la palabra dada de ejecutar primero al que peor contestase.

La objeción convenció a Alejandro, quien movido por su natural generosidad, les perdonó la vida a los siete y los despidió, cargados de ricos presentes.

45. Pirámides a pintar

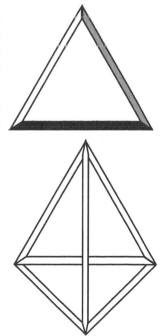

Una vez dos pintores discutieron si las tres aristas de un tetraedro o pirámide triangular podían pintarse con sólo tres colores, y siempre los mismos, en el sentido de las agujas del reloj. Resuelva usted la vieja cuestión para que los dos bandos puedan descansar al fin en paz.

En la figura vemos un triángulo con los lados pintados (de izquierda a derecha) en blanco, gris y negro. Al lado de éste se ha dibujado un tetraedro. El problema consiste en averiguar cómo pintaríamos los cantos del tetraedro de modo que todas las caras repitiesen la misma secuencia de colores: blanco, gris y negro, en el sentido de las agujas del reloj.

46. Atención, celada

Para resolver este acertijo, además de trasladarse mentalmente al mundo antiguo hay que saber intuir dobles significados, pues lo que parece ser no tiene por qué ser lo que parece.

Diez hombres pelearon desde diez barcas,
la batalla fue a tiro de piedra
sin agacharse a recogerlas.
Murieron todos de sed
empapados hasta la barbilla.

47. Enigma escénico

A veces los antiguos griegos utilizaron la escena para proponer al pueblo enigmas cargados de significado, por ejemplo éste ideado por el cómico Alexis hacia el 330 a.C.:

No es mortal, ni inmortal tampoco,
sino mezcla de ambos,
no es de los hombres su destino ni tampoco de los dioses.
Renace siempre nuevo
pero su presencia siempre se desvanece,
invisible, de todos es sin embargo bien conocido.

48. Cuestión de interpretación

Era frecuente que los antiguos poetas y pensadores pro pusieran adivinanzas de alcance filosófico. En la Roma de la era cristiana circulaba el que citamos seguidamente, y que según el poeta Plutarco describía algún tipo de parásito. Esta solución es verosímil pero a nosotros nos parece, sin embargo, que apunta a otra especie completamente distinta.

Todo su cuerpo es barriga
a todas partes con sus ojos mira:
es animal
que con sus dientes camina.

49. Una antigua burrada

Este acertijo, lo mismo que otros muchos enigmas clásicos, que además de lógica requiriesen operar con cifras, se atribuyó al matemático griego Euclides. Es dudoso que le sobrase tiempo al sabio para dedicarse a inventar este género de problemas.
Un burro y un mulo cargados de sacos de cebada trotaban por la senda hacia el lejano molino. El asno iba quejándose tanto de su carga, que el mulo se impacientó y le dijo:

-¿De qué te quejas, viejo? ¡Pareces una plañidera de las que lloran a los difuntos por la paga! Más derecho a quejarme tendría yo, pues cargo mucho más que tú. Aun si me quitaran uno de ellos para cargártelo a ti, todavía llevaríamos igual número de sacos. Pero si te quitaran un saco a ti para cargármelo a mí, entonces yo llevaría doble número de sacos que tú.

¿Cuántos sacos llevaba el burro quejoso y cuántos el mulo?

50. El juego de Josefa

Así llamado porque se atribuye el problema al escritor romano Flavio Josefa. Judío de origen y llamado José ben Matías, mandó fuerzas judías contra el futuro emperador romano Vespasiano en la guerra del año 70 d.C. Las legiones de Vespasiano sitiaron la fortaleza de Jotapat durante siete semanas, y finalmente la tomaron al asalto. Josefa y un puñado de fieles se refugiaron en una caverna. Cuando se les acabó el agua tuvieron que elegir entre salir para entregarse a los romanos, que les infligirían una muerte deshonrosa en la cruz, o suicidarse. Pero según sus creencias, el darse muerte de propia mano era un pecado peor que el homicidio. Por ello prefirieron recurrir a un ritual absurdo.

Los 41 sobrevivientes formaron un círculo y empezaron a contar. Aquel a quien le tocase la cuenta de tres sería abatido por su vecino, y el último no tendría más remedio que matarse a sí mismo. Josefa y un amigo suyo no albergaban ninguna intención de participar en tal suicidio colectivo, prefiriendo entregarse a los romanos. Pero formaron en el círculo de todas maneras y cuando todo hubo terminado, salieron tan frescos de la cueva para ir a rendirse.

¿En qué lugares del círculo se colocaron Josefa y su amigo?

51. Entre la sartén y el fuego

Malo sería tener que elegir entre la sartén y el fuego, y una vez puestos en semejante disyuntiva, pocas veces se le concedería a uno ninguna escapatoria como la que ahora vamos a relatar.

En una ciudad medieval fue denunciada por bruja una hermosa doncella, y entregada a la Inquisición. En la mazmorra se le mostraron los instrumentos del suplicio con los que iban a arrancarle la confesión. Pero la joven, espantada al ver aquellos horribles utensilios, perdió el valor y se acusó a sí misma de haber practicado la hechicería. Los pérfidos familiares, contrariados al verse privados de su pasatiempo, idearon un falso perdón y la invitaron a anunciar ella misma cuál iba a ser su destino. Si decía mentira, sería torturada y quemada. Si decía verdad, ellos serían misericordiosos y la ahogarían en el río.

Pero ella era tan lista como hermosa, y dijo una frase que dejó paralizados a sus verdugos. ¿Cuál fue la frase salvadora?

52. Adán y Eva

Se organiza una expedición arqueológica al monte Ararat, donde se supone que descansó el arca de Noé después del diluvio. Y excavando excavando, el jefe de la expedición descubre los cadáveres de un hombre y una mujer desnudos y bien conservados puesto que estaban en la nieve. En cuanto los ve grita a sus compañeros:

- Mirad, son Adán y Eva.

¿Por qué supo que eran precisamente Adán y Eva?

53. El mundo en adivinanzas

En toda la tierra la humanidad comparte la afición por los acertijos. Estos guardan parecido en todos los países y al mismo tiempo reflejan la personalidad de cada nación, como podrá el lector comprobar en los ejemplos siguientes:

Rusia
1 Grande es el prado, incontables las reses, uno solo el pastor.
2 Dos toros pelean el uno con el otro, la espuma salpica alrededor.
3 El forastero se presentó de repente sus caballos todo el llano han arrasado.

Región báltica
4 Más agujeros en la tierra que estrellas en el cielo.
5 Un caballo sin riendas, un conductor sin fusta, un camino sin polvareda.
6 Más de dos docenas fueron a moler, pero una sola es la que barre.
7 No nací de ninguna madre y mi marido es mi padre.
8 Nacido en el bosque, hecho en la ciudad, y lloro entre las manos: ¿quién soy?

Países escandinavos
9 ¿Qué es lo más delgado entre frío y calor?
10 La doncella morena tiene las carnes por dentro y los huesos por fuera.
11 Nació con la tierra y morirá con la tierra, pero no vive ni cinco semanas.
12 Cuando se abre la puerta él viene a ti y te besa.
13 La raíz arriba, la espiga abajo.

Inglaterra

14 En el castillo de mi padre guardado estaba el cuerpo;
descabezado que lo hube su sangre bebí, y el cuerpo
vacío he abandonado en un rincón.

15 Piernas largas, ingles arqueadas, sin cabeza y sin ojos.

16 Creció en el bosque, relinchó en las landas,
en nuestro cuarto va de uno a otro lado.

Francia

17 ¿Quién llora cuando otros cantan?
¿Quién canta cuando otros lloran?

18 ¿Quién salta más en la cocina?

19 Lleva hábito rojo y se sienta en sillón verde.

Italia

20 Soy castellana y cuando caigo a tierra no me hago daño.
Me recogen con alegría, sirvo a los santos y doy luz a los
latinos y también a los tedescos.

21 Colgado de un muro, pero no es un santo. Tiene cuernos
y no es ganado. Mancha la pared y no es pintor. Lleva un
frasco pero no bebe vino. Señor del cielo, ¿qué será?

Región balcánica

22 La cima está cubierta de nieve. Lo que era largo,
ahora es corto. El molino ya no muele y donde
eran dos, ahora son tres.

23 Sobre dos patas un barril; sobre el barril uno que gruñe;
sobre el que gruñe uno que ronca; sobre el que ronca uno
que parpadea; sobre el que parpadea un bosque.

24 Quema y es rojo, pero no tiene fuego ni llama.

Turquía

25 Un bolso de cuero lleno de puré dulce.

26 El velludo abrió la boca y el desnudo se metió dentro.

27 La tienes tú, la tengo yo y hasta la ramita más delgada.

Arabia

28 Vino como invitado, ni por la puerta
ni por la ventana ha entrado.

29 Un joven que duerme sobre lo verde
y no despierta hasta el amanecer.

30 Plato a plato de aquí a Constantinopla.

31 Como una ceja de mi amada, o la mitad de su pulsera
o como una copa de oro que le perteneciera; también
una moneda de oro sobre túnica de terciopelo azul.

32 Su comienzo en ti su final en tu madre.

Persia

33 Con la pluma se siembra, con los ojos se cosecha,
con la cabeza se come, con la memoria se digiere.

34 ¿Qué es pobreza?

China

35 Dos bonitas doncellas de piel blanca iguales en estatura.
A otros suelen besar y son las primeras en probar las
delicias.

36 Una urna sin fondo, dentro de ella un colgado.

37 Si sopla el aire está quieto, si el aire está quieto, sopla.

38 Nace con dos cuernos, engorda, y desaparece
con dos cuernos.

54. Sushimanía

Hoy día viajar es fácil; apenas subsiste otra dificultad sino la barrera de los idiomas. Así la señora Peregrina, su hermana y una amiga se alimentaron exclusivamente de sushi durante las tres semanas de su viaje por Japón, ya que no conseguían memorizar los nombres de los demás platos. Una vez, después de una excursión por los montes Huangshan, las tres regresaron al hotel completamente agotadas y hambrientas. Gesticulando con manos y pies, le indicaron al posadero que les sirviera una gran bandeja de sushi y, mientras ellas subían a sus habitaciones para cambiarse, el anfitrión hizo servir el refrigerio solicitado.

La señora Peregrina fue la primera en bajar al comedor y sin poder contenerse, devoró una tercera parte de los sushis. Luego regresó a su habitación, y dio la casualidad que entonces bajó su amiga y se comió exactamente la tercera parte de los sushis restantes. La tercera impaciente fue la hermana, quien bajó, y se comió el tercio exacto de los sushis que encontró en la bandeja.

Cuando por fin se pusieron las tres a la mesa, la bandeja se veía ya muy menoscabada y la señora Peregrina comentó como queriendo disimular:

-¿A eso llaman aquí una bandeja grande de sushis? ¡Me parece que no hemos conseguido hacernos entender por el posadero! ¡Pero si ni siquiera tocamos a tres sushis cada una!

¿Sabría usted calcular cuántos sushis se comió cada una de aquellas damas?

55. Tres cuestiones sobre el mundo

1 Dos hombres hay en este mundo que no tienen parangón.
En el país donde vive el uno sale primero el sol.
Soberano de Occidente es el otro, en oficio y dignidad
no tienen igual, y sólo la muerte los viene a retirar.

2 Una gran fiesta nos invita a la paz, miles de años hace que
se celebra, aunque interrumpida por más de una guerra.
Alianza quiere ser, que une la tierra por eso abarca en su
bandera cinco colores: La humanidad entera.

3 En todo el mundo manda el buen Dios. Excepto un lugar:
¿Cuál será?

56. Con el son cubano

1 En los dientes, la mañana
y la noche en el pellejo.
¿Quién será, quién no será?

2 Con ser hembra y no ser bella, harás lo que ella te mande.
¿Quién será, quién no será?

3 Esclava de los esclavos,
y con los dueños tirana.
¿Quién será, quién no será?

4 Escándalo de una mano que nunca ignora la otra.
¿Quién será, quién no será?

5 Un hombre que está llorando con la risa que aprendió.
¿Quién será, quién no será?

57. Seis adivinanzas extemporáneas

1 Un cazador por enero
una venada cazó;
la asoleó el mes de febrero
y fresca se la comió.

2 Cinco varitas en un varital
ni secas ni verdes se pueden cortar.

3 Todos preguntan por mí,
yo no pregunto por nadie.
Todos me necesitan,
yo no necesito a nadie.

4 Cuatro caballitos van para Francia,
corre que corre
y ninguno se alcanza.

5 Un árbol con doce gajos,
cada uno tiene su nombre.
Si no me lo adivinas
no tienes calzones de hombre.

6 Estoy parada en cuatro cuartos
y tengo los humos muy altos.

58. Enigma meteorológico

Pedro sale todos los días a pasear. Si hace buen tiempo, al volver a casa sube con el ascensor hasta el 2° piso, y luego continúa a pie hasta el 9° piso, que es donde vive. Sin embargo, cuando llueve, sube en el ascensor directamente hasta el 9° piso.

¿Encuentra usted alguna explicación a este comportamiento?

59. El fantasmón

Narciso Presumido está rodeado de bellezas en traje de baño y, como siempre, se hincha a la manera de un pavo real.

-¡Ay, chicas! ¡Con lo que a mí me gusta el verano! -suspira-. Yo le sigo a todas partes, tanto es así, que acabo de comprarme una bonita casa en Sidney y en la parte que da a Mediodía, donde tengo la terraza, he mandado construir una piscina en forma de corazón con calefacción solar y jacuzzi. ¡Ojalá pudierais veniros conmigo! Así estaríais morenitas todo el año, lo mismo que yo.

Lisa, que era tan inteligente como bonita, se queda mirando con incredulidad a sus amigas, que contemplan al Presumido desmayadas de adoración.

-Pero, ¿es que el sol os ha secado el entendimiento para que os creáis las fanfarronadas de este infeliz?

Las amigas protestan indignadas, pero entonces Lisa les explica su actitud con cuatro palabras y Presumido no tiene más remedio que eclipsarse abochornado.

¿Cómo descubrió Lisa que Presumido no era más que un fantasmón?

60. Caminos que se encuentran

Mientras curio-
seaba un antiguo
manual de jar-
dinería, al señor
Sapiencias se le
cayó de entre las
hojas un papel
con este curioso
dibujo. Parecióle
a Sapiencias que
era un plano, o
por lo menos el
fragmento de un
plano represen-
tando un parque

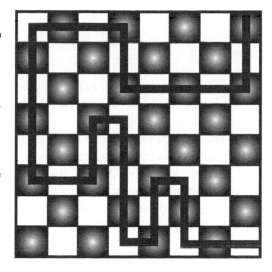

construido en forma de laberinto. Ante la imposibilidad de re-
construir el laberinto, sin embargo, se le ocurrió un problema
diferente con que sorprender a su amigo el señor Pensativo.

-Mira, Pensativo. En este antiguo plano figura dibujado
un camino. Además de este camino existe otro que cruza
doce veces el que está aquí dibujado, sin pasar dos veces
por un mismo recuadro ni coincidir en paralelo con el
camino anterior. Cuando ese camino invisible pasa por un
recuadro contiguo al camino existente, nunca lo cruza en la
misma dirección que el camino dibujó el suyo.

-¿Doce intersecciones, y ninguna trayectoria contigua
paralela? -se rascó el occipucio Pensativo.

¿Querría usted ayudarle a resolver este problema?

61. Ornitología

Con este título no aludimos a una conocida pieza del saxofonista Charlie 'Bird' Parker, sino a los versos de Hoffmann von Fallersleben:

el mirlo y el tordo, el pinzón y el estornino
vinieron ya, con toda la familia de las aves...

(en su poesía lírica primaveral «Todos los pájaros llegaron ya»). Claro está que algunas de las aves mencionadas alegran también nuestros inviernos, pero la licencia poética no estorba, excepto si somos ornitólogos muy escrupulosos. ¿Sabría usted decir cuáles de las cuatro especies son migratorias y cuáles no?

62. Extraños cumpleaños

Bajo este título publicaba la hoja local de Villaconejos, en 1996, la noticia del centésimo cumpleaños de una vecina muy apreciada por todos, la señora Céspedes. Pero cuando se presentó el alcalde a participarle su felicitación, la anciana dijo con una sonrisilla maliciosa:

- Es mucha amabilidad de su parte, mi querido señor,
pero si quiere felicitarme el centésimo cumpleaños tendrá
que esperar un poco. Al fin y al cabo, todavía estoy en el
vigésimo tercero.

El lector sabe cómo es posible esto y sabrá decir también en qué año nació la señora Céspedes, cuándo celebró su primer cumpleaños y en qué año celebraría el centésimo.

63. Excursión otoñal

En uno de los últimos días soleados del otoño, el señor Peregrino y su amigo el señor Piedeliebre salieron de excursión en bicicleta. Pese a las advertencias de Peregrino, el señor Piedeliebre se empeñó en seguir sacando su viejo caballo de hierro. Y así pasó lo que tenía que pasar: por la tarde, cuando iban a emprender el regreso, se le partió el cuadro a Piedeliebre. En ese momento les faltaban unos 30 kilómetros para llegar a casa. Peregrino estaba furioso. Como no quería abandonar a su amigo, calculaba que le quedaba una buena caminata, y para colmo le tocaría andar empujando su propia bicicleta. En esas condiciones caminarían como máximo 4 kilómetros por hora. Serían siete horas y media de camino y llegarían bien entrada la noche. Piedeliebre intentó restar importancia a lo sucedido y, medio en serio medio en broma, planteó la proposición siguiente:

-¿Qué te parece, Peregrino? ¿Nos repartimos el esfuerzo? Los dos somos buenos andarines. Normalmente le echaríamos nuestros buenos siete kilómetros y medio por hora. Y sobre la bicicleta, puedes recorrer tranquilamente el doble. Vamos a hacer lo siguiente: yo camino y tú vas en bicicleta durante media hora. Luego te apeas, dejas la bicicleta y echas a andar. Cuando yo llegue adonde esté la bicicleta, me voy con ella, la uso durante media hora y luego sigo a pie. Y así, vamos turnándonos hasta llegar a casa. Creo que adelantaremos bastante con eso.

-¿Tú crees? Para eso, echamos a andar los dos, llegamos a casa en cuatro horas y mañana me paso por aquí con el coche para recoger mi bicicleta -replicó Peregrino.

-¡Tonterías! -le rebatió Piedeliebre-. Vamos a ensayar mi propuesta. Seguro que no se tarda más. Si resulta que tengo razón yo, y llegamos antes de lo que tú has dicho, me pagas una cena; de lo contrario, pago yo.

Peregrino aceptó la apuesta. ¿A cuál de los dos le tocó pagar la cena?

64. Teresa y Eusebio

Puesto que va de parentescos: Teresa tiene un hermano llamado Eusebio. Eusebio tiene tantos hermanos como hermanas. Teresa tiene el doble de hermanos que de hermanas. ¿Cuántos chicos y chicas hay en la familia?

65. Falsas gemelas

El entusiasmo de Listillo al descubrir las dos bonitas parroquianas de la cafetería, fue indescriptible. Se parecían como un huevo a otro; evidentemente eran gemelas, ¿pero cuál de las dos bellas sería la más amable? Para intentar averiguarlo, trabó conversación con ellas y no tardó en sacar a relucir el tema «hermanas gemelas».

-¿Nosotras? -rieron ellas-. ¿Acaso lo parecemos?

Y con gran asombro de Listillo, lo negaron y aun afirmaron haber nacido en diferente día de diferente mes de diferente año.

¿Cómo era posible?, pensó Listillo. Las hermanas sin duda habían decidido tomarle el pelo, pero ¿por qué?

66. Leyenda parda

Las promesas de fidelidad a veces rayaban en lo desaforado. Así por ejemplo, el juramento de Isabel Clara Eugenia, la hija del rey Felipe II de España, casada en 1599, con el archiduque Alberto VII de Austria. En 1601, cuando Alberto se despidió de ella para ir al asedio de Ostende, Isabel juró no cambiarse de camisa hasta que su idolatrado esposo hubiese regresado de la guerra. Pero, como la ciudad no cayó sino tres años más tarde, podemos figurarnos en qué estado se hallaría la camisa de la archiduquesa cuando regresó su marido. Tanto así, que todavía hoy el nombre de un color recuerda este episodio histórico.

¿Sabría decirnos el nombre de ese color?

67. Protocolo

En una excursión de empresa, la camarilla de la señora Despierta ocupa toda la primera fila del *vaporetto*, pero las mujeres se han sentado aparte de los hombres, pero esto no es bueno para la animación de la salida. Despierta les propone que cambien de lugar, y para evitar que vuelvan a reunirse las mismas personas, organiza un juego. Que las personas que estaban juntas se levanten de dos en dos y busquen nuevos asientos, pero sin limitarse a permutar las posiciones: quien estuviese a la derecha debe continuar a la derecha, y viceversa. El juego terminará cuando hombres y mujeres ocupen asientos alternos. Pero el movimiento dura más de lo que había previsto la señora Despierta. Ella creyó que bastarían cuatro movidas para el cambio de asientos.

¿Cómo se conseguiría eso?

68. El vagabundo

Un vagabundo se hace un pitillo con cada siete colillas que encuentra en el suelo (este es de antes de que se inventara el tabaco emboquillado).

¿Cuántos pitillos podrá fumarse sabiendo que ha recogido 49 colillas?

69. Lazos familiares

Todo humano tiene dos parejas de abuelos. De esta regla no se exceptúa a nadie, ni siquiera a Homero y Crescencia von Hochgemut, que cuando niños se sentaron en las rodillas de los mismos abuelos... pero no era hermano y hermana, pues de lo contrario, ¿cómo habría sido posible leerles las amonestaciones? Y como tampoco la autoridad civil tuvo nada que objetar, los Von Hochgemut celebraron una boda principesca según cumplía a su rango y prosapia. Al cabo de un año, no obstante, el empleado del registro no tuvo más remedio que fruncir un poco el ceño cuando llegó la hora de inscribir al primogénito de la feliz pareja y continuador del apellido, el príncipe Hermes. Resultaba que el infeliz pequeño, además de tener sólo dos pares de bisabuelos en vez de los cuatro que corresponden a todo individuo de a pie, a los abuelos los tenía convertidos en tías abuelas y tíos abuelos.

En cuyo momento el individuo de a pie se pregunta si realmente los dictados de la sangre azul obligan a tanto.

¿Sabría usted desenredar las ramas de este insólito árbol genealógico?

70. Amores reales

Los casamientos de príncipes pocas veces fueron por amor, puesto que prevalecían las intrigas y las políticas de alianzas. En lo que sigue, aludiremos a una excepción, sin embargo, en que la futura dueña de un gran imperio se enamoró de un príncipe provinciano, con quien se casó después de la coronación. Fue un auténtico matrimonio por amor, que no complació ni al pueblo ni a los políticos, quienes mantuvieron frente al extranjero, durante largo tiempo, actitudes de enemistad o por lo menos desconfianza. Por lo cual él se encerró en su felicidad doméstica, de la que nueve hijos dieron cumplido testimonio. Y con la honradez de su carácter y su actividad a favor de las artes, las ciencias y las clases pobres del país, finalmente logró convencer incluso a sus enemigos. Cuando murió después de 21 años de feliz matrimonio, fue llorado no sólo por ou esposa sino también por todo el país. Ella le sobrevivió durante cuarenta años y llegó a ser coronada emperatriz. Estando aún en vida, dio su nombre a toda una época, que hoy representa para unos «los buenos viejos tiempos» y, para otros, un período de insoportable hipocresía y corrupción oculta. Por cierto que también un nieto de esa feliz pareja se casó por amor, pero en este caso se trataba de una mujer que no era de su clase y se vio obligado a abdicar cuando aún no había transcurrido un año de su entronización.

¿Quién fue la pareja feliz y quién el nieto menos feliz?

71. El comadrón perfecto

Durante nueve meses el señor Troncoso pudo presumir de futura paternidad. Hasta la madrugada que su mujer sintió los primeros dolores. Sin pérdida de tiempo metió a su mujer en el coche porque la clínica no quedaba cerca. Pero la criatura no quiso esperar y así Troncoso no tuvo más remedio que meter el automóvil en un área de descanso y, empapado de sudor, ayudó al parto. Minutos más tarde, conmovido, depositó el llorón sobre el pecho de su esposa. Pero cuando ésta le preguntó la hora Troncoso descubrió que se le había parado el reloj.

-¡Pero hombre! ¡Cómo se te ocurre llevar un reloj de cuerda! ¿Por qué no te compras uno de pilas como todo el mundo? ¿Cómo haremos ahora el horóscopo de la criatura?

Pero Troncoso supo tranquilizarla. Cuando el trío llegó a la clínica demostró sus cualidades de comadrón e inscribió a su hijo dando la hora exacta del nacimiento. ¿Cómo lo consiguió?

72. Excursión familiar

Peregrino ha invitado a su familia a un fin de semana en la montaña. Con la familia viajan otras tres, los Ricote, los Pensativo y los Buitrago; todas las familias constan de la pareja y una criatura. Todos ellos corretean la mar de contentos por la naturaleza, hasta que se hace de noche y acuden al refugio. Pero entonces se les presenta la primera incidencia de la jornada. El administrador del refugio sólo tiene 16 camas en un gran dormitorio colectivo. En el refugio estalla una agitada discusión, porque ninguno de los matrimonios quiere pasar la noche separados. Pero los hombres roncan, así que ninguno quiere dormir teniendo a otro por vecino. En cuanto a las mujeres, como todavía no se tienen mucha confianza tampoco quieren dormir teniendo a otra por vecina. En cuanto a juntar a los niños en camas contiguas, ¡ni hablar!, porque entonces alborotarán y los mayores no podrían conciliar el sueño.

Finalmente y para no quebrar la armonía, la señora Buitrago decide que cada familia dormirá en una fila de camas, pero que no se acostarán más de tres personas en cada fila o columna. Hasta que el encargado hace valer su autoridad y experiencia, les indica a cada uno dónde han de dormir, y todos pasan una noche tranquila. ¿Cómo resolvió el encargado este problema?

73. Una corona con seis monedas

Se han colocado seis monedas formando triángulo. Dibujar un círculo con sólo cuatro movimientos, sin mover ninguna moneda más de una vez. ¿Cree que es posible?

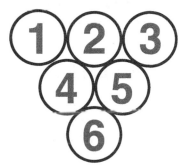

74. Enigmas a destajo

1 Los hombres hablarán a hombres que nada oyen,
que tienen abiertos los ojos y no ven;
hablarán con ellos y no recibirán respuesta,
pedirán piedad a aquel que tiene oídos y no oye
y encenderán luces ante un ciego.

2 En toda Europa llorarán innumerables pueblos
la muerte de un solo hombre, acaecida en Oriente.

3 Soy la redondez del mundo,
sin mí no puede haber Dios.
Papas y cardenales sí,
pero obispos no.

4 Hago papas y monarcas,
   príncipes y emperadores;
   hago, sin ser Jesucristo,
   peces, animales y hombres.

5 ¿Quién hace al tuerto galán
   y prudente al sin consejo?
   ¿Quién al avariento viejo
   le sirve de río Jordán?
   ¿Quién hace de piedras pan
   sin ser el Dios verdadero?

75. Pensamientos laberínticos

1 Si soy joven, joven quedo.
   Si soy viejo, viejo quedo.
   Tengo boca y no hablo.
   Tengo ojos y no veo.
   ¿Quién soy?

2 ¿Qué es lo que le pueden sacar antes
   de que usted la tenga?

3 Cien amigas tengo, todas sobre una tabla.
   Si no las tocas, no te dicen nada.

4 Si me nombras desaparezco, ¿quién soy?

76. Circuito ferroviario

El abuelo Tacañete ha cumplido un anhelo atrasado de su infancia, y se ha comprado un tren eléctrico. Pero como le duele el dinero gastado, ha elegido uno del modelo más económico. Con todo, no sería Tacañete si no acertase a divertirse pese a no tener más que un círculo de vías, y se ha planteado el siguiente problema de maniobra.

Se trata de invertir la posición de los dos vagones (1) y (2) dejando la locomotora estacionada en el tramo recto. Podría ser sencillo, pero Tacañete ha impuesto una limitación para que no resulte demasiado fácil: Los vagones no pueden pasar por el túnel, sólo la locomotora.

¿Cuál es el mínimo de maniobras que produce el resultado obtenido? Póngase en el lugar de ese jefe de trenes aficionado.

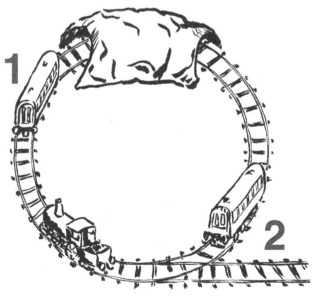

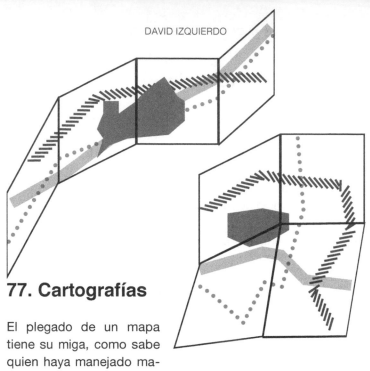

77. Cartografías

El plegado de un mapa tiene su miga, como sabe quien haya manejado mapas grandes de carreteras o de excursionista, o incluso planos en una oficina técnica. Aunque no tenga usted experiencia en ello, podrá intuir la dificultad que supone un buen plegado si trata de resolver el problema siguiente.

En la figura se representan dos mapas, ambos formados de cuatro hojas más o menos cuadradas. ¿Cuál de los dos mapas puede plegarse de más maneras diferentes? ¿Cuántos plegados diferentes admite el mapa alargado, y cuántos el cuadrado? Naturalmente, plegándolos por las dobleces previstas?

78. La bombilla

Está usted frente a una puerta cerrada por donde se entra a una habitación a oscuras en la que hay una bombilla, pero donde está, no puede ver si está encendida o apagada. Lo que sí hay donde está, son cuatro interruptores de los cuales sólo uno enciende la bombilla de la otra habitación. Puede activar o desactivar los interruptores todas las veces que quiera, pero sólo se puede entrar en la habitación una sola vez. ¿Cómo hará para determinar cuál es el interruptor que enciende la bombilla?

79. Garabatos

La señora Despabilada acaba de descubrir su personalidad creativa. En esta ocasión, se trata de motivos decorativos lineales con los que adorna la casa y las prendas de vestir. Esa idea se le ocurrió mientras hojeaba un libro de nudos. Por eso rechaza las figuras que no puedan dibujarse de un solo trazo, sin levantar el lápiz del papel y sin pasar dos veces sobre el mismo trazo. Claro que a veces resulta difícil decidirlo; por ejemplo, ¿cuál de estas seis figuras no puede dibujarse de un solo trazo?

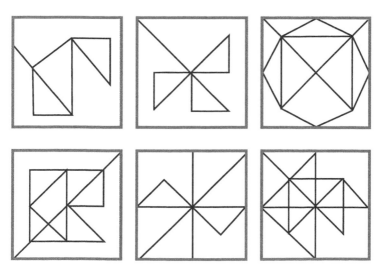

80. Conducción de valores

El abuelo Tacañón tiene todavía una cuenta pendiente con Buitrago, pero no quiere que la cobranza le origine gastos superfluos, así que prefiere esperar una oportunidad adecuada. Ésta parece presentársele cuando se entera de que Peregrino sale de gira y durante ella, debe visitar a Buitrago. Pero no conviene que Peregrino sepa que va a transportar dinero para Tacañón, y por otra parte Buitrago aún no tiene la cuenta y no sabrá qué cantidad debe poner en manos del intermediario Peregrino. Las instrucciones que Tacañón imparte a ambos resultan más complicadas que una novela policíaca, por culpa de su carácter avaro y desconfiado.

Consisten en que Peregrino llevará una carta para Buitrago, en donde se dirá con exactitud a cuánto asciende la suma reclamada. Y como la deuda va a ser una cantidad comprendida entre uno y mil dólares despreciando la moneda fraccionaria, que Buitrago prepare diez sobres sellados en los que repartirá la cantidad de 1.000 dólares de manera que se pueda pagar con esos sobres cerrados cualquier suma por el procedimiento de dar cierto número de ellos al mensajero Peregrino.

Nada de esto extraña demasiado a Buitrago, pues conoce bien el carácter atrabiliario del viejo avaro. El sobre que le entrega Peregrino contiene una factura por 798 dólares. A cambio Buitrago le entrega seis sobres cerrados.

¿Cómo ha repartido Buitrago los 1.000 dólares en diez sobres para poder hacer frente a cualquier importe entre 1 y 1.000 dólares sin necesidad de abrir sobres?

81. De encuadernaciones

Si alguna vez ha visto usted un libro en rama, es decir tal como sale de la imprenta, quizá le haya sorprendido observar cómo la numeración aparentemente caótica de las páginas se convierte después de plegar y cortar en la numeración correlativa a que estamos acostumbrados. Para el encuadernador que tiene sus tres años de oficialía industrial, este misterio es una obviedad. Confiemos en que no necesite usted tanto tiempo para resolver este pequeño problema:

Doblamos tres veces por la mitad una hoja DIN A4 con lo que nos sale un cuadernillo de formato DIN A7. Se trata de desplegar esta hoja y aprovechar los dobleces para volverla a plegar de tal manera que nos salga un cuadernillo de doce páginas tamaño DIN A7 que no se desmonte.

A diferencia del encuadernador usted no dispone de cola ni hilo de coser. No se admite más herramienta auxiliar que las tijeras.

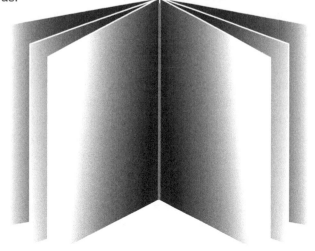

82. Adivinanza clásica

Para abrir boca:

En la encrucijada redonda seis doncellas bailan,
tres de carne y tres de plata.
Ellas quieren huir
pero las tiene abrazadas un Polifemo de oro.

¿Qué es?

Demuestre que sabe rimar la solución o si la conoce, diga el nombre del poeta y autor.

83. Años enrevesados

Nochevieja del 2000. El señor Pensativo está de mal humor. Aunque hace tiempo que ha entendido por qué debía celebrarse un año más tarde el nuevo milenio, ahora le preocupa otra cuestión. Va a transcurrir mucho tiempo sin años enrevesados.

El de 1999, calcula Pensativo, habrá sido el último antes de los próximos 4 milenios cuyas cifras podían leerse del revés, en cuyo caso da 6661. En el último siglo del milenio segundo hubo 20 de tales «años enrevesados», el más notable de los cuales fue 1966. Si tomamos la diferencia entre 1996 y su enrevesado 9961 resultan 7995 «años» ocultos en el tiempo, el máximo del siglo pasado.

Lo que ahora da que pensar a Pensativo: ¿Cuál fue el año del milenio segundo que da la máxima diferencia con su enrevesado? Pero antes de permitir que este enigma nos absorba durante los próximos cuatro mil años, adelantemos este otro:

¿Cuál es el año, o mejor dicho, los dos años (desde comienzos de la era cristiana) que dan la diferencia mínima con sus enrevesados?

84. Cruces recortadas

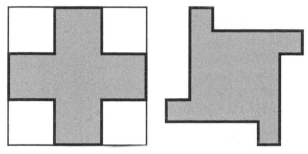

En realidad es fácil plegar una hoja cuadrada de papel de manera que se obtenga, con un solo corte rectilíneo de tijeras, una cruz griega como la de la figura.

La figura que está a la derecha de la cruz representa el otro desafío que le proponemos. Se trata de plegar la cruz de tal manera que con un solo corte de tijeras se obtengan dos trozos iguales, los cuales pueden juntarse luego de manera que se obtenga la figura en cuestión.

85. Parentescos

El señor Pensativo se detiene muy orgulloso delante de un retrato colgado en su salón y le explica a su invitado, en el estilo enigmático que le es habitual:

- Mire usted, yo no tengo hijo ni hermano, pero el padre de la persona aquí representada es el hijo de mi padre.

El invitado asiente por cortesía, aunque le haya sonado como latín. ¿Le pasaría a usted lo mismo, o sabría decirnos quién es la persona retratada?

86. Dos adivinanzas

Cuanto más larga más corta.

Blanca como la tiza,
ligera como la pluma,
blanda como la seda,
húmeda como la espuma.

87. Todas hieren pero la última, mata

El viejo tacaño tiene un reloj de pulsera que atrasa un minuto cada día. Es un reloj antiguo de mucho valor, pero el arreglo se le antoja demasiado caro, conque sigue usándolo aunque sea necesario hacer cuentas para saber la hora exacta. Él se consuela diciéndose que el cálculo mental mantiene el cerebro en forma. Además, la hora que indica el reloj coincide algunas veces con la hora exacta, como si fuese un cronómetro. Y por otra parte, cuando se ha atrasado seis horas, el reloj se adelanta aparentemente al tiempo real mientras se aproxima cada vez más a la hora verdadera.

¿Cuánto tendrá que esperar el avaro para que su reloj coincida con la hora real?

88. La tabla de multiplicar

El niño Listillo estudia la tabla de multiplicar, que no debería resultarle demasiado difícil. Pero como prefiere distraerse contemplando las nubes, no consigue memorizarla. Su tío el señor Pensativo le anima a perseverar planteándole el problema siguiente:

-Voy a escribir aquí una columna de números muy bonitos, y todos tienen algo que ver con la tabla de multiplicar.

9.999.999.909
8.888.888.808
7.777.777.707
6.666.666.606
5.555.555.505
4.444.444.404
3.333.333.303
2.222.222.202
1.111.111.101

-A ver si adivinas en qué se parecen todos estos números -agregó el señor Pensativo.

Listillo se devanó un rato los sesos y cuando acertó con la solución le vinieron otra vez las ganas de estudiar la tabla.

89. Un *putts* problemático

Si hay algo que Pedante sepa hacer bien, es jugar al golf. Porque le proporciona la ocasión para codearse con gentes que normalmente ni le devolverían el saludo. En esta ocasión, disputa una partida con el banquero don Justo y defiende su ventaja hasta el hoyo 18. Pero entonces don Justo acierta un golpe de salida que coloca la bola en el green. Si tiene éxito con el putts gana la partida el banquero.

Pero cuál no sería la satisfacción de Pedante cuando ambos llegan al *green*. Al rodar la bola del banquero se ha metido en una bolsa de papel que arrojó algún espectador. ¿Qué hará don Justo para impedir que se le escape la victoria? Si golpea sobre la bolsa seguramente conseguirá sacar la bola, pero habrá regalado un golpe. Don Justo reflexiona rápidamente y encuentra la solución que va a permitirle ganar el *putts* y la manga.

¿Cómo se consigue?

90. Juego de unos

Sapiencias y Pensativo frecuentan la tertulia de los numerólogos, y Sapiencias le enseña a su amigo un cucurucho lleno de unos diciendo:

-Mira, Pensativo, ¡cuántos unos traigo en este envoltorio!, quieres?

-Dame cuatro -replica Pensativo-, y te pondré un problema.

Sapiencias saca cuatro unos y Pensativo los coloca en fila sobre la mesa para anunciar en seguida:

-Con estos cuatro unos se pueden hacer dos operaciones distintas que dan el mismo resultado.

-¡Vaya cosa! -le interrumpe Sapiencias-. ¡Cómo que ciento once dividido por uno o multiplicado por uno siempre da ciento once!

-¡Tonterías! -gruñe Pensativo-. ¡Eso sería una simpleza! No. Debes efectuar primero una suma y después una multiplicación usando los cuatro unos.

Eso le dio qué pensar bastante rato a Sapiencias, ¿a usted también?

91. Conducción de presos

Durante largo tiempo, el comisario Tonazón y dos colegas persiguieron a los tres hermanos Cornejos, hasta que lograron apresarlos en la muga, en lo alto de las montañas cubiertas de nieve. El comisario quiere bajarlos al pueblo cuanto antes para ponerlos a buen recaudo, pero sólo tiene un trineo motorizado que funcione. El problema consiste en que ese trineo sólo es de dos plazas: en cualquier momento que los Cornejos queden en mayoría frente a los guardias arriba en la montaña o abajo en el valle, los dominarían. Por fortuna, la fuga es imposible debido a la tormenta de nieve y la inminencia de la noche. Después de un rato de reflexión, el comisario establece que pueden bajar él, sus dos colegas y los tres delincuentes con sólo seis descensos. ¿Cómo se distribuirían esos viajes?

92. Un récord triangular

Aquí un ejercicio de papiroflexia que permite alcanzar un récord sin esforzarse demasiado, y sin más gasto que el de una hoja de papel (si es que encuentra usted la solución en seguida).

Sin herramienta alguna, y con sólo dos dobleces, hallar el triángulo equilátero máximo que puede salir de una hoja DINA4.

93. El lenguaje de las corbatas

Ante la reunión decisoria, el señor Flores, el señor Del Oso y el señor Del Pino se encuentran en el antedespacho del director general. Los tres vienen con sus mejores trajes y con corbatas nuevas para causar buena impresión. Al verlos la secretaria no puede reprimir una risita:

-¡Qué divertido, señores! ¿Se han fijado ustedes en sus corbatas? ¡Una corbata floreada, otra con un osito de peluche y otra con un pino!

-¡Muy gracioso! -replica el de la corbata adornada con la figura de un pino-. Pero ninguno lleva la corbata que responde a su apellido.

- En efecto -corrobora Flores-. Es bien curioso.

¿Qué corbata lleva cada uno?

94. De bibliómanos

Por fin Pedante ha logrado hacerse recibir en casa del profesor Sapiencias. Bien peinado y trajeado, y provisto de una botella de vino de crianza, Pedante hace acto de presencia con el obligado retraso académico y es recibido por el profesor en la biblioteca. La primera impresión es abrumadora.

«¡Cuántos libros! los ha leído usted todos?», estuvo a punto de preguntar, pero se ha mordido la lengua a tiempo, y lo que ha dicho es:

-¡Dios mío, profesor! ¡Esta biblioteca vale una fortuna! Sin duda hay más libros que palabras se encuentran en un solo libro.

-Por supuesto, muchos más, aunque no existen dos libros que tengan exactamente tantas palabras el uno como el otro -replica Sapiencias.

-Entonces -murmura Pedante, que no es tan tonto como parece- los habrá de lo más indicados para mí. Le ruego que me preste uno.

Sapiencias, sorprendido, suelta una carcajada y acto seguido se acerca a un estante para darle uno de sus libros a Pedante.

¿De qué diría usted que tratan?

95. Entre Escila y Caribdis

Peregrino ha conseguido realizar el sueño de su vida: tener plaza en uno de los primeros viajes interestelares. El destino del viaje son dos planetas habitados, Escila y Caribdis, que giran alrededor de su estrella principal, Odiseo. Pero cuando la nave entra en el campo gravitatorio de Odiseo, todos los instrumentos de navegación empiezan a fallar. El retorno a la Tierra parece imposible. En cuanto a los habitantes de ambos planetas, los llamados escicardos, se considera inútil pedirles ayuda porque uno se queda sin saber qué partido tomar, ya que la mitad de ellos dice siempre la verdad, pero la otra mitad dice necesariamente mentira. De modo que, si preguntáramos a uno de ellos por la ruta, nos quedaríamos con un cincuenta por ciento de probabilidades de no regresar jamás a la Tierra si le hacemos caso. Sin embargo Peregrino sabe lo que debe preguntar para que le digan el camino, y se hace conducir con una lanzadera hasta la superficie de uno de los planetas.

Dos preguntas posibles a los escicardos bastarán para dar con un navegante avezado y amante de la verdad, que devolverá incólumes a la Tierra a todos los viajeros.

96. Vida de boticario

En Vicálvaro se celebra un congreso de calvos. En dicha oportunidad el farmacéutico Redomas ha preparado unos polvos que hacen crecer pelos hasta en los dientes. Cuando se anuncia la novedad a los calvos, éstos muestran la acostumbrada actitud incrédula. A escondidas, sin embargo, cada uno de ellos solicita un envase de muestra. Redomas pone en marcha la máquina calculadora para poder servir todos los pedidos antes de que concluya la jornada del congreso. De pronto suena el teléfono. Es el campesino Destripaterrones, de cuyo huerto saca Redomas el principio activo de su crecepelo. El labrador, muy excitado, anuncia que uno de los frascos se ha llenado con un extracto que no corresponde. Por fortuna, dice, es fácil distinguirlo porque el extracto equivocado pesa exactamente una décima parte menos que el principio auténtico.

La noticia no lo pone muy contento a Redomas, que digamos. Son 24 frascos de a litro y, si tuviese que pesarlos uno a uno, va a perder demasiado tiempo. Experto en pesadas, sin embargo, el farmacéutico idea el modo de averiguar con una sola pesada cuál es la botella que contiene el extracto equivocado. ¿Cuál es?

97. Adivinanzas domésticas

1 Blanco fue mi nacimiento, colorado mi vivir.
De negro me amortajaron cuando me quería morir.

2 Blanco fue mi nacimiento, carne y sangre es mi comida.
Yo misma me entierro viva y luego me desentierran para quitarme la vida.

3 Una señorita muy aseñorada con muchos remiendos
y ni una puntada.

4 Yo tengo calor y frío y no frío sin calor
y sin ser ni mar ni río, peces en mí he visto yo.

5 Soy un señor con cabeza, sin barriga y con un pie.
Pero soy tan importante que al mismo Dios sujeté.

6 En el monte grita, en la casa mudita.

7 Si me mojas hago espuma con tus ojitos de cristal
y tu cuerpo se perfuma mientras llega mi final.

8 ¿Qué es lo que cuelga de la pared sin tener patas,
sin tener pies?

98. En la alquería no hay medidas de litro

La familia Ulises ha decidido pasar unas vacaciones en la montaña. En la cocina del refugio se halla un azulejo con una antigua fórmula para fabricar el requesón. La señora Ulises lee en voz alta:

«Tómense cuatro litros de leche...». Con estas palabras pone en manos de su marido una lechera de tres litros y otra de cinco, y lo envía al corral. El hombre protesta diciendo que cómo va a medir cuatro litros, y la señora replica diciéndole que se haga acompañar por su hija la estudiante, que le dirá lo que debe hacer. Al poco regresan de la vaquería con sus cuatro litros de leche.

¿Usted habría sabido indicarle al señor Ulises cómo medirlos utilizando sólo las dos lecheras y desperdiciando un mínimo de leche?

99. El huevo de 4 minutos

Karl, un muchachote holandés, se creyó transportado a la película equivocada, o dicho más exactamente, a una historieta de Loriot que también trataba de una discusión alrededor de un huevo conflictivo. ¿Qué pasó? Por primera vez en su vida Karl quiso conocer la montaña y a los montañeses, conque decidió pasar las vacaciones de verano en los Alpes de Baviera. La primera mañana de su estancia tuvo una sorpresa desagradable. Habiendo encargado un huevo hervido durante 4 minutos, al ir a descabezarlo la clara todavía líquida le manchó los pantalones nuevos. ¡Menudo jaleo se armó! Pero no le valió de nada, porque el dueño del establecimiento se negó a pagar la tintorería. Al fin y al cabo, argumentó, el cliente había pedido un huevo hecho durante 4 minutos y eso fue lo que se le sirvió.

¿Cuál fue el error de Karl?

100. Media sobrina

Tía Frida coincide en el parque con Lisa, una antigua amiga suya de la escuela. Lisa está de paseo con su hermano y con una niña pequeña a la que lleva de la mano.

-¡Ay, qué niña tan mona! -se entusiasma la tía Frida-. ¿Es tu hija?

-No -contesta Lisa-. Es mi sobrina queridísima.

-Tú y tus historias de la sobrina queridísima -gruñe el hermano-. Mía no lo es, en cualquier caso.

De momento la tía Frida se queda un poco estupefacta ante el renuncio, pero luego entiende la broma y se echa a reír.

¿Lo entiende usted también?

101. La herencia de Ricote

Cuando murió el millonario Ricote había sobrevivido a todos sus herederos, y de ahí que sólo el servicio acudiese a la lectura del testamento en la notaría. Cuando el notario procedió a leer las últimas voluntades, resultó que Ricote dejaba todos sus bienes muebles a la beneficencia, y los inmuebles se repartían de la manera siguiente:

La mitad, a su fiel mayordomo.

Una cuarta parte a su excelente cocinera. Una octava parte, al jardinero.

Al chófer, sólo la décima parte, porque desobedeciendo sus órdenes siempre corría demasiado.

Cuando el notario procedió a leer el reparto se anunciaban desavenencias, porque Ricote dejaba 39 inmuebles. Estaba en construcción el 40° pero sólo existía en los planos del arquitecto. ¿Cómo repartir los 39 edificios de la herencia sin entrar en laboriosas discusiones? Después de reflexionar unos momentos se le ocurrió una solución brillante. Añadió a las 39 casas existentes, la 40ª que estaba en proyecto. Y así el mayordomo recibió 20 inmuebles, la cocinera 10, el jardinero 5 y el as del volante 4. Todos salieron del despacho muy satisfechos.

¿Cómo pudo efectuarse la división dejándolos a todos contentos?

102. Ingeniero agrónomo

Éste es un caso clásico en que los árboles no dejan ver el bosque. Mirándolo con atención, ¿podría decir cuántos árboles están representados aquí?

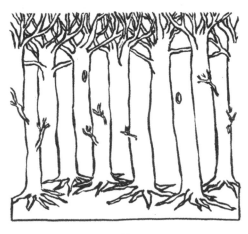

103. Relojes para cocer huevos

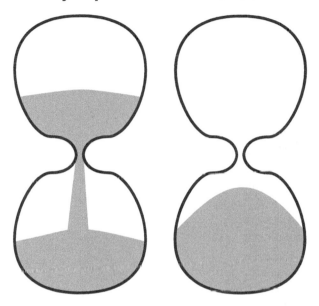

El viejo Cascarrabias se organiza la vida de manera tan capri-
chosa que no hay asistenta ni cocinera que le dure. Sus manías
empiezan a primera hora de la mañana con el huevo del desa-
yuno. Según los días de la semana, lo quiere pasado por agua
cinco minutos, medio hecho con seis minutos, blando con siete y, algunos días, un huevo duro que debe hervir durante ocho
minutos exactamente. Para controlar todos esos tiempos, ha
encargado un doble reloj de arena formado por dos cilindros.
En uno de éstos la arena se vacía al minuto, y en el otro, a los
cuatro minutos. Evidentemente, se les da la vuelta a ambos al
mismo tiempo, pero la combinación le permite a Cascarrabias
controlar sus cinco tiempos de cocción distintos. Para ello le
basta darles la vuelta dos veces, excepto en el caso de los
seis minutos. Podríamos preguntarnos, claro está, cómo se las
arregla para medir los siete minutos de su huevo blando.

104. Un problema de peso

Un tendero dispone de una balanza y cuatro pesas distintas, y estas pesas son tales, que le permiten pesar cualquier número exacto de kilogramos desde 1 a 40.

¿Qué pesa cada una de las pesas?

105. Tres adivinanzas

1 Cuanto más nieve mejor se siega.

2 De uno quita dos
y queda uno.

3 En un agujero entró una
y asomaron tres.
Aunque no puedas verla
no te preocupes, estás en ella.

106. Enigma eterno

La pequeña Luisita Sabihonda está contenta porque acaba de tener una hermanita y no pone reparos a cuidar de ella o llevarla en brazos a dar un paseo. Lo único que molesta a Luisita es que los adultos le hagan cosquillas en el ombligo a la hermanita diciendo «cuchi, cuchi, cuchi», y otras tonterías, después de lo cual invariablemente preguntan: «¿Qué edad tiene tu hermanita?». Es entonces cuando la Sabihonda toma venganza de los adultos contestando no menos invariable mente: «Mi hermanita nació en domingo. El primer domingo de marzo. En realidad debía nacer en la misma fecha pero en febrero, sólo que entonces habría nacido en sábado. Y ahora ya sabe usted cuántos años tiene». A lo que los adultos suelen quedarse con cara de tontos, para mayor satisfacción de Luisita.

A nuestros lectores naturalmente no les habrá ocurrido.

107. Enigma no eterno pero sí antiquísimo

En realidad Pensativo debía saberlo, puesto que se conoce este problema desde los tiempos de los antiguos griegos. Pero quiso la casualidad que cierto día, hallándose de excursión con Peregrino por la ribera del Rhin, se viese confrontado con ese problema clásico en la vida real.

Sucedió que Pensativo y Peregrino visitaron unas bodegas y se les ocurrió hacer provisión de aquellos nobles caldos. Pensativo compró cinco botellas de litro, y Peregrino tres. Al anochecer se sentaron en la pérgola de una pequeña pensión y descorcharon una de las botellas. Uno de los huéspedes trabó conversación con ellos y al rato, se dio a conocer como comerciante que representaba una famosa marca de jamones de San Daniele. Juntos cataron el vino y conforme se prolongaba la velada fueron descorchando una botella tras otra, hasta vaciar la octava. A la hora de regresar cada mochuelo a su olivo, el representante quiso corresponder y les regaló a sus compañeros de mesa ocho jamones, uno por cada una de las botellas que habían vaciado, diciendo:

-Repartíoslos tal como nos hemos repartido el vino.

La mañana siguiente, cuando Pensativo y Peregrino despertaron con los cerebros abrumados por fuerte resaca, estalló una gran discusión sobre el reparto de los jamones.

Pensativo dijo:

- Si ha de ser un reparto justo, deberíamos ir a medias. O sea, cuatro jamones para cada uno. Pero como yo di dos botellas más que tú, me corresponden dos jamones más. Es decir, seis para mí y cuatro para ti.

Peregrino no daba crédito a sus oídos. O sea, que Pensativo era un amigo, pero sólo siempre y cuando no le tocasen los jamones. Insistió en que a él le tocaban tres jamones y a Pensativo los otros cinco. Es decir, a jamón por botella.

Sin embargo, Pensativo no daba su brazo a torcer. Por último recurrieron al arbitraje de la patrona. Ella, mujer despabilada y con gran experiencia de la vida, escuchó el caso y dijo:

-Para que el reparto de los jamones sea tan justo como el del vino, el señor Pensativo debería quedarse siete jamones y el señor Peregrino uno.

Aunque desde luego la sentencia daba la única solución justa, finalmente los amigos prefirieron repartirse los jamones mitad y mitad para evitar rencores.

¿Por qué era más justa la sentencia de la patrona?

108. Ser y parecer

Al bueno de Ricote le gusta más una partida, que a un tonto un caramelo. Dondequiera que vea cartas o dados, en seguida pide asiento, y como las ha visto de todos los colores no suele irle mal. En un viejo manual de juegos de mesa ha descubierto esta pirámide de dados, que según se mire representa 21 o 15 dados. No es más que una imagen curiosa, pero al cabo de un rato descubre que algunos de los dados de la pirámide están falseados. Como se sabe, dos caras opuestas de un dado siempre suman 7. Pero ahí se ven 15 dados, nada menos, que no cumplen la regla.

¿Conseguirá usted descubrirlos por mucho que se le nuble la vista?

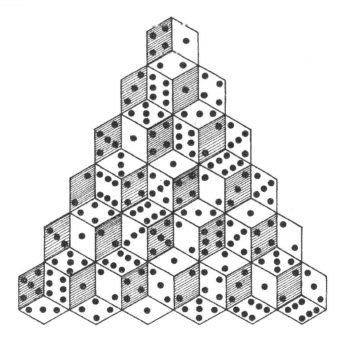

109. Fragor de batalla

Las hermanas Antíope e Hipólita, personajes de la mitología, fueron reinas de un pueblo no menos legendario de quien contaban tremendas hazañas los griegos, en invierno, a la vera del fuego. Unos monstruos homicidas que se comían a los niños crudos las condujeron contra los griegos. Antíope, la mayor, se dejó raptar y conducir a Atenas por Teseo para que hubiese paz. Incluso dicen que se unió a él y tuvieron un hijo llamado Hipólito. Pero cuando Teseo se encaprichó de Fedra, la hija de Minos, Antíope se enfadó y volvieron las antiguas hostilidades. Cuando se presentó en la boda con intención de hacer una matanza, fue vencida en duelo singular por Teseo. En cuanto a su hermana Hipólita, tuvo un adversario aún más formidable, que fue Herakles, cuando éste se presentó con intención de recuperar el cinturón que le había regalado Ares.

La muerte de las dos hermanas quebró el poderío de ese pueblo guerrero, a lo que parece. Pero siguió teniendo en las leyendas y en los sueños una prolongada existencia que alcanza hasta nuestros días. En la época de los descubrimientos muchos exploradores creyeron que aquella nación existía realmente y la buscaron en África y América; algunos incluso, persuadidos de haberla encontrado, bautizaron un gran río con el nombre de la tribu guerrera a que nos referimos.

¿Cómo se llamaba la raza de esas dos hermanas que metieron el miedo en el cuerpo a los griegos, y qué nombre se le dio al río mencionado?

110. Vengadora terrible

El hombre a quien amaba fue un valiente guerrero bañado en la sangre del dragón, pese a lo cual murió asesinado a traición cuando estaba lavándose en una fuente. Cuando le llevaron el cadáver del amado ella se volvió loca de pena, de dolor y de cólera, y juró tomar tremenda venganza. Pero disimuló su rencor y vivió durante algún tiempo como viuda sumisa en la corte de su hermano, cómplice en el asesinato del héroe y amigo del asesino, que entraba y salía a su antojo. Después de guardar el obligado período de luto se casó de nuevo, y se marchó con su marido a la lejana Hungría. Pero cuando le pareció que sus enemigos estarían confiados, creyó llegado el momento de la venganza. Los invitó a su corte de Esztergom y aquéllos, pese a haber recibido diversas advertencias, acudieron. En la sala principal hubo una terrible carnicería en la que ella tomó parte esgrimiendo en persona la espada, que no era otra sino la espada de su difunto. Con ella atravesó al asesino de su esposo amado y decapitó a su propio hermano. Y siguió luchando contra sus enemigos hasta que cayó ella misma. Todavía hoy queda el recuerdo estremecido de la encarnizada venganza.

¿Quién fue la mujer que tomó tan sangriento desquite de sus enemigos?

111. La cuadratura de la edad

Narciso Presumido se tropieza en el foyer del teatro con Linda, una antigua amiga, que está charlando con una espectacular pelirroja. Narciso decide aprovechar la oportunidad para reanudar viejos lazos, así que se presenta e inicia una animada charla durante la cual no escatima cumplidos ni piropos. Cuando la pelirroja se aleja para ir a empolvarse la nariz, él interroga discretamente a su amiga sobre la edad de la bella. Pero Linda se limita a contestar:

-¡Ay, Narciso! ¿Es que no sabes que las mujeres guapas no tenemos edad? Pero ya que insistes tanto, te diré lo que ella misma me viene contestando a esa pregunta desde hace cinco años: «Mi edad corresponde a ese número cuadrado que, siendo divisible por otro número cuadrado, da como cociente un número cuadrado cuya raíz es tenida tradicionalmente por símbolo de la feminidad».

Y añade con sonrisa perversa:

-¡Pero yo apostaría a que tiene en años por lo menos un número cuadrado más!

Presumido ha averiguado al fin la edad de la pelirroja, aunque no sin largas cavilaciones. Quizá le resulte más fácil a usted.

112. Otra de edades

Un tío le dice a su sobrino:

-Yo tengo el triple de la edad que tú tenías cuando yo tenía la edad que tú tienes. Cuando tú tengas la edad que yo tengo ahora, la suma de las dos edades será de 70 años.

¿Qué edad tienen ahora ambos?

113. Teoría de los colores

Algunos dirán tal vez que la moda es multicolor, y es cierto que actualmente rivalizan muchas tendencias y muchos estilos. Sin embargo, la moda dista mucho de ser multicolor en el sentido estricto de la palabra; las irrupciones de los colorines suelen ser breves, como sucedió por ejemplo mientras rigió el hippismo de los años setenta. Normalmente, sin embargo, se procura armonizar una gama reducida. Algo tendría que ver con esta concepción de la moda nuestro clásico Goethe, quien (además de proponer una teoría de los colores desprovista de fundamento científico) admitía sólo un número reducido de colores lisos y discretos en la indumentaria; lo demás le parecían extravagancias. La gran dama de la moda, la inmortal Coco Chanel, tuvo sobre este asunto una opinión más diferenciada, pero también estableció límites a las posibles combinaciones de colores y a la diversidad de éstos.

¿Cuántos colores distintos puede llevar al mismo tiempo una mujer elegante, según los criterios de Coco Chanel?

114. Tómbola

La señora de Ricote ha invitado a un garden party cuyo punto culminante va a ser una rifa. Entre las damas presentes se sorteará un Porsche rojo, otro blanco y un ciclomotor rojo, y otro blanco. El señor Ricote formula algunas objeciones sobre tamaño dispendio, pero su esposa lo tranquiliza en seguida:

-No te preocupes que lo tengo controlado.

Y en efecto, no va a ser fácil hacerse con los dos Porsche, porque después del sorteo las cuatro ganadoras deberán contestar a unas preguntas de concurso si quieren llevarse a casa sus premios. La señora de Ricote se halla en su elemento como directora de la tómbola. Hacia medianoche se plantean las preguntas decisivas:

-Mis queridas Amelia, Blanca, Córdula y Dorina, todavía no sé a cuál de vosotras debo felicitar. Pero aquí tenéis vuestros vales y los sobres con las preguntas, que abriréis en estas cabinas insonorizadas.

Las cuatro candidatas desaparecen en el interior de las cabinas.

«Ahora todas conocéis el premio que os ha tocado. Para adjudicároslo definitivamente, será menester que adivinéis qué premios les han tocado a las otras tres. A tal efecto tenéis las pistas siguientes: Amelia ha ganado un vehículo rojo. Blanca no ha ganado el Porsche blanco. Córdula ha ganado un vehículo blanco. Y Dorina no ha ganado el Porsche rojo. ¿Quién ha ganado qué?»

Muchaplata, que está con Listillo entre los asistentes, se levanta disgustado.

-Estos Ricote son unos fantasmas insoportables. Después de tanto fanfarronear con su tómbola resulta que no tenían ninguna intención de sortear los Porsche.

Listillo asiente. ¿Le parece a usted que tienen razón? ¿Quiénes ganaron finalmente los ciclomotores?

115. Gatomaquia

Los mejores criadores de gatos del país han organizado la 100ª exposición de su gremio y han ideado un concurso para los asistentes. Los que contesten acertadamente a la pregunta del concurso participarán en un sorteo cuyos premios consistirán en tres espléndidos gatos de raza.

Tras discutir la cuestión un rato, la señora Gatera, presidenta de la asociación, propone el enigma siguiente:

«Sumando cabezas y pies de nuestros mejores criadores, con los de sus ejemplares presentados a la exposición, sin necesidad de buscarle tres pies al gato, nos sale un total de 100 cabezas y 380 pies. ¿Cuántos criadores y cuántos gatos hay en la exposición?».

¿Qué habría escrito usted en la tarjeta del concurso para poder participar en el sorteo?

116. La piscina de Muchaplata

Para llenar de agua su piscina, Muchaplata ha dispuesto tres surtidores. El primer surtidor tarda 30 horas en llenarla, el segundo tarda 40 horas y el tercero, tarda cinco días. Si los tres surtidores se conectan juntos, ¿cuánto tiempo tardará la piscina en llenarse?

117. Plegar un cuadrado mágico

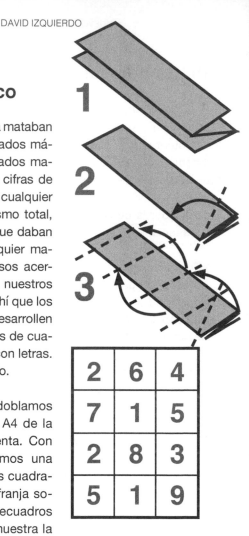

Los antiguos romanos ya mataban el tiempo con los cuadrados mágicos. Inventaron cuadrados matemáticos en donde las cifras de las casillas sumadas en cualquier sentido arrojaban el mismo total, o cuadrados de letras que daban la misma frase de cualquier manera que se leyesen. Esos acertijos todavía distraen a nuestros contemporáneos, y de ahí que los espíritus inventivos desarrollen variantes siempre nuevas de cuadrados con números o con letras. Aquí tenemos un ejemplo.

Como preparación, doblamos una hoja de papel DIN A4 de la manera que se representa. Con los dobleces prefiguramos una rejilla de 3 x 4 recuadros cuadrados más una estrecha franja sobrante superior. Estos recuadros los numeramos como muestra la figura de la izquierda. El problema consiste en plegar la hoja así obtenida, para obtener un cuadrado mágico conteniendo los guarismos del 1 al 9 y donde la suma de cada fila, columna o diagonal, sea igual a 1. Evidentemente no puede conseguirse sin recortar la cuadrícula por lo cual prepararemos también unas tijeras. Se conserva la estrecha franja superior porque nos servirá para dar consistencia al cuadrado mágico.

118. Pies por pulgadas

Un fontanero encargó por teléfono un tramo de tubería de X pies e Y pulgadas, pero resultó que el dependiente equivocó el pedido e intercambió pies y pulgadas. El tubo que se recibió medía sólo un 30 por ciento del tramo que el cliente deseaba. ¿De qué longitud era el tubo pedido en principio?

119. Mendigo el vecino

Dos estados de opereta, Marodania y Ruritania, tenían relaciones cordiales gracias a la alianza matrimonial de sus respectivos príncipe y princesa regente. Pero andando el tiempo corrieron vientos de separación y la amistad entre ambos países vino a finalizar. El príncipe de Marodania ideó una venganza mezquina. Hasta entonces se cambiaban 100 táleros marodanianos por 100 florines ruritanos, pero el soberano decretó que con efectividad inmediata se cambiasen a 110 florines. La réplica de Ruritania no se hizo esperar y decretaron una revaluación por la cual 100 florines iban a costar en adelante 110 táleros.

Esta rivalidad entre los dos principados le pareció bien a Listillo, dispuesto a ponerse las botas mientras durase. En Ruritania cambian a 100 florines por 110 táleros marodanianos; luego cruzaba rápidamente la frontera, entraba en Marodania y convertía sus táleros en 121 florines. De vuelta en Ruritania, cambiaba los 121 florines a 133,10 táleros, y sin pérdida de tiempo regresaba otra vez a Marodania. Haciendo la lanzadera entre país, y país se convirtió en un hombre inmensamente rico.

¿Fantástico, o no? ¿Dónde está el fallo de esta especulación, y si no hay tal fallo, quién paga el gasto de ese milagro?

120. La cuenta de la lechera

Linda es una chica despabilada pero tiene algunos problemas con las cuentas. Sin embargo los números le gustan y suele ordenarlos en pintorescas combinaciones. Hasta el día que se le ocurre sumar una de sus figuras y comprueba con asombro, que las columnas de guarismos dan la misma suma, se ponga como se ponga.

He aquí un ejemplo. ¿En qué se equivoca Linda? ¿O son realmente iguales las sumas de las dos columnas?

```
123456789          1
 12345678         21
  1234567        321
   123456       4321
    12345      54321
     1234     654321
      123    7654321
       12   87654321
        1  987654321
```

121. Un laberinto de números

Esta cuadrícula se ha rellenado con los números de 1 a 100 siguiendo un orden aparentemente arbitrario. No obstante, algunas cifras sí están ordenadas de manera que permiten recorrer a salto de caballo toda la serie, de menor a mayor, correspondiente a determinada propiedad de los números, de manera que comenzando por el recuadro superior izquierdo terminemos en el recuadro superior derecho.

Para los no jugadores de ajedrez, el salto del caballo nos lleva un cuadro en diagonal y otro en línea recta; así desde un

1	93	34	65	43	18	36	99	88	97
64	76	2	16	35	77	47	89	20	38
94	33	63	41	3	83	66	87	53	90
75	15	86	79	32	4	5	22	39	21
95	62	37	30	98	73	40	6	7	59
14	28	74	60	44	58	24	71	51	8
85	31	100	45	25	42	68	10	61	11
27	72	46	57	12	81	67	50	9	52
29	84	26	82	19	49	55	91	13	78
70	96	23	48	56	92	17	80	54	69

recuadro inicial I se puede saltar a cualquiera de los recuadros de destino D:

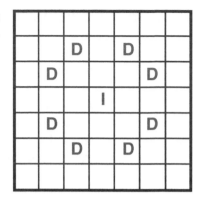

122. Preguntas breves, respuestas fulgurantes

1 Cómo escribir 50 con un solo carácter.

2 Cómo escribir 1.000 sin emplear ningún cero.

3 Caso único: cómo quitar uno de diecinueve y que salga veinte.

4 Uno va delante de dos, uno va entre dos, y uno va en pos de dos, ¿qué es?

5 ¿Cuál es el número que dividido por su séptimo da siete?

6 ¿Cuál es el número mayor que se puede escribir con tres guarismos?

7 12345 x 7: ¿Qué otro número le recuerda este producto?

8 Escribir un número con tres guarismos distintos y restarle los mismos escritos en orden inverso; si se eligen bien los guarismos, la diferencia se escribirá con ellos mismos en otro orden.

123. Un juego muy antiguo

Algunos de nuestros juegos, como los de pelota, son tan antiguos que nos retrotraen a la época en que nuestros antepasados andaban cubiertos con pieles de oso. De estos tiempos ha llegado hasta nosotros una adivinanza compuesta por los antiguos griegos y que alud e a un utensilio utilizado para jugar todavía hoy.

Hermanos carnales tengo dos
de similar constitución,
pero no han visto la luz del sol
mientras vivieron.
Ahora, ya difuntos,
ruedan en manos de mortales
y contemplan la claridad del día
mientras luchan el uno contra el otro.

124. Juego de tablero

Satisfecho, Pensativo dobló el ajedrez de viaje habiendo conseguido por fin derrotar a Listillo en la tertulia de los pensadores laterales. En estas condiciones sólo se ven cuatro por cuatro escaques, lo cual motiva que Pensativo murmure distraído:

-¿De cuántas maneras podría dividirse este cuadrado en dos mitades?

Al oír lo Listillo replica:

-Si te refieres a mitades iguales, sólo existen seis divisiones posibles, ni una más. Exceptuando las mitades simétricas, claro está.

-¡Claro! -gruñe Pensativo de mala gana. Incomodado por tanta sabihondez, decide no dirigirle más la palabra a Listillo en todo el día.

¿Querrá usted hallar las seis maneras posibles de dividir el famoso tablero de cuatro por cuatro en dos mitades iguales?

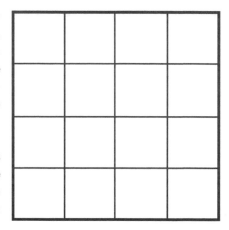

125. A saltos por el campo

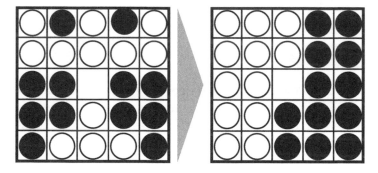

Sin embargo, Pensativo no consigue librarse de Listillo. Apenas Pensativo se ha refugiado en un rincón para distraerse con un problema de ajedrez, aparece de nuevo Listillo; pero en esta ocasión Pensativo ha tomado sus medidas, y coloca 12 fichas blancas de un juego de damas y 12 fichas negras sobre un tablero de cinco por cinco (véase la figura de la derecha) y le dice:

- Mira, Listillo. Ésta es la posición inicial. Y ahora, la del problema.

Entonces baraja las fichas hasta que le sale la posición de la figura izquierda.

-Las fichas mueven como el caballo del ajedrez. Trata de retornar a la posición inicial con sólo 22 movimientos.

Con esto Pensativo consiguió que Listillo le dejase en paz durante más de una hora. Tal vez usted lo conseguirá en menos tiempo.

126. Tres ladrillos

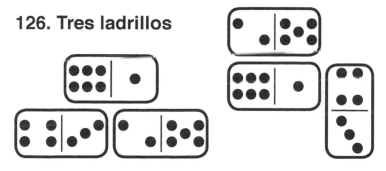

Después de verse humillado por Despierta que descubrió sus trampas al dominó, Raposo intenta la revancha proponiendo un acertijo. Con tres fichas de dominó compone unas figuras sobre la mesa y afectando ingenuidad comenta:

- Imagine usted, doña Despierta, que estas tres fichas fuesen ladrillos. ¿De cuántas maneras distintas podrían colocarse en una pared, suponiendo que deban quedar contiguas por los lados ancho o estrecho, y puedan recubrirse hasta la mitad como las fichas del dominó? Sin contar las figuras simétricas de las soluciones halladas, naturalmente.

Si Raposo creyó que con esto desafiaba a la señora Despierta, andaba bien equivocado. Porque ella reflexionó un poco, jugueteó con las tres piezas y dijo... ¿Qué sería lo que dijo?

¿Cuántas variaciones pueden componerse con tres ladrillos?

¿Serán 20, 24 o incluso 26 variantes? En la figura pueden verse dos de las posiciones válidas.

127. Dados compuestos

Si juntamos ocho dados corrientes obtenemos un superdado, y si se hace el montaje de manera que coincidan las mismas caras en cada supercara, este dado compuesto tendrá las mismas propiedades para el juego que un dado normal: dos caras opuestas cualesquiera del superdado suman siempre 28 puntos.

¿Cómo deberían disponerse los componentes del superdado para que los puntos de dos supercaras opuestas sumen 16?

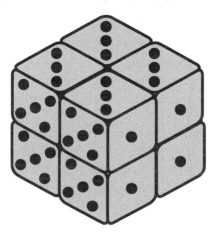

128. Tres adivinanzas

1 Cuatro reyes reinan juntos
y cuando duermen están en paz,
pero si despiertan y se mueven
salen todos a pelear.

2 Quien lo fabrica lo vende,
quien lo tiene no lo utiliza,
quien lo utiliza no lo ve.

3 Guardada en estrecha cárcel
por soldados de marfil
está una roja culebra
que es la madre del mentir.

129. Candlelight dinner

El teléfono suena de madrugada en casa del comisario Tenazón y se le comunica el fallecimiento del anciano Muchaplata.

-La investigación de rutina -dice al teléfono el joven inspector-. El forense certifica fallo cardíaco. Pero ya sabe usted... hay una viuda joven, esa tal Lisa Liviana, y...

Malhumorado, el comisario se pone en camino. Al entrar en la mansión del difunto Muchaplata se tropieza con la viuda, descompuesta y deshecha en llanto. En el comedor, candelabros con largas velas encendidas indican que el matrimonio pretendía pasar una velada íntima. La mesa puesta, los platos vacíos, pero otros sin tocar en la cocina.

Con las debidas precauciones, el comisario Tenazón se dispone a interrogar a Lisa. Ella le cuenta lo ocurrido con palabras entrecortadas por los sollozos:

-Se nos ocurrió celebrar nuestro primer aniversario con una cena a la luz de las velas. Hemos encargado los platos al *delikatessen* Tocino. ¡Ah! Mi esposo, el pobre Muchaplata, era demasiado glotón. Y eso después de tres infartos. Por eso le dije: «Gordito mío, no comas demasiado que luego no puedes ni moverte». Pero él, como si nada. Y cuando ya nos disponíamos a tomar el postre se empeñó en repetir del paté. ¡Ocho platos, imagínese, y él que quiere repetir del paté! Discutimos, pero él montó entonces en cólera y para no estropear la velada, cedí y fui a la cocina en busca del paté. Cuando regresé, él estaba devorando los postres y no sé si se atragantó o algo por el estilo, porque cuando iba a reñirle, se desplomó hacia delante y se quedó yerto. -Lisa soltó una carcajada histérica- . ¡Su gula le ha matado, señor comisario!

Tenazón reflexiona, de pie frente a la mesa del comedor, y al cabo de unos minutos se vuelve hacia Lisa y dice:

-Lo siento, señora Muchaplata, pero me veo obligado a detenerla bajo la sospecha vehemente de ser la autora de la muerte de su esposo.

¿Será verdad que Lisa Liviana asesinó a su marido?

130. ¿Suicidio o asesinato?

En una habitación en la que no hay ningún mueble ni ningún objeto, aparecen un hombre ahorcado y un charco de agua exactamente bajo sus pies.

¿Cómo ha conseguido este hombre suicidarse?

131. Asesinato antes de medianoche

Es una noche serena de verano, cuando parece imposible que suceda nada desagradable, y sin embargo el comisario Tenazón se encamina a la Villa Buenavista para investigar un asesinato. El dueño de la casa, el anciano conde de Granvida, recibió un tiro por la espalda en su biblioteca, según el forense disparado desde muy poca distancia o con un arma de caza, según indica el orificio de salida del proyectil. La víctima yace tumbada de espaldas como un árbol derribado, los ojos sin vida vueltos hacia el retrato de su ex esposa (donde, apenas visible, ha ido a clavarse la bala mortífera). En su mano derecha los restos de un excelente puro que estaba fumándose y cuya lumbre ha prendido un feo agujero en la alfombra. Cerca de la izquierda, una estilográfica de oro cuya tinta manchó también la alfombra. Sobre el escritorio, algunos papeles arrugados con el monograma del conde. El comisario los lee y suspira con fatiga:

-Borradores para un testamento, pero ninguno de ellos definitivo. El culpable todavía debe hallarse en la casa. Agente, hágame el favor de reunirlos en el salón y así les leeré la cartilla a todos.

La idea no ha sido acertada, según se pone de manifiesto en seguida. Porque al entrar el comisario en el salón, encuentra a los cinco residentes enzarzados en tremenda pelea. Gritan, y tanta es su alteración, que nadie se fija en el recién llegado. La joven baronesa de Heredero y Rastrero está acusando a los otros cuatro.

-¡Menuda banda de granujas estáis hecho! Sabíais que el conde quería ponerlo todo a mi nombre para conseguir que me casara con él. ¡Y como quedabais con el culo al aire, por eso lo habéis liquidado! Pero yo tengo mis recursos y mis influencias, y no dudéis que impugnaré el testamento.

-Tú no harás nada de eso -replica la ex condesa divorciada-. Porque has sido tú quien ha convencido a Toni, viendo que te tiraba los tejos, para asesinar al viejo, y luego te has apoderado del nuevo testamento, ¡como les consta a los aquí presentes!

-¡Cómo! -se indigna Toni, palideciendo-. El conde acababa de prometerme una pensión vitalicia, ¿por qué iba a asesinarlo?

- Para entrar en las clases pasivas cuanto antes -se burla el joven jardinero-. Y como además eres un cobarde, por eso le disparaste por la espalda. A mí no puede pasarme nada, porque no heredo nada y sólo hace quince días que estoy empleado aquí.

- ¿Os habéis vuelto locos? -exclama la cocinera al advertir la presencia del comisario-. ¡La policía está oyéndolo todo! Más valdría que se dedicase a averiguar por qué ha aparecido la estilográfica junto a la mano izquierda del conde, que no era zurdo. Y luego, que se ponga a buscar la escopeta que según el señor Toni desapareció hace tres días, y que yo misma acabo de ver en la habitación del mismo Toni.

Tenazón pone fin al guirigay con un enérgico ademán.

-Digan los señores si todos han visto el cadáver del conde en la biblioteca.

A lo que todos asienten en silencio.

-¿Y no se ha tocado nada en el escenario de los hechos?

Los cinco deniegan con las cabezas.

- Entonces, ¡caso resuelto! -exclama el comisario llamando en seguida a sus agentes para que procedan.

132. Una coartada casi perfecta

Los cuatro hermanos Garrucha han tenido una noche fatigosa en los sótanos del banco, reventando y vaciando todas las cajas privadas, bañados en el sudor de sus frentes. Al amanecer, cansados y satisfechos, se han derrumbado en sus camas para descansar. Pero apenas han logrado conciliar el sueño, se presentó Tenazón para ponerles las esposas y llevárselos a la comisaría.

Esta vez, sin embargo, el comisario no está muy seguro de haber acertado. Los perillanes responden al interrogatorio con gran aplomo y seguridad, y parecen tener coartadas a prueba de bomba. Juran y perjuran que han pasado toda la noche jugando al *gin rummyen* en la taberna del Candelas, y el tabernero incluso corrobora la coartada.

El comisario Tenazón los interroga de uno en uno y les pregunta quién ganó y quién perdió en el juego, a ver si consigue pillarlos en contradicción. Pero tampoco en esto se contradicen los hermanos, que recuerdan con exactitud cuántos puntos ganó cada uno. El comisario ve que va a tener que soltarlos, hasta que se le ocurre una idea.

De nuevo los interroga por separado, y también al tabernero, para formularles por separado una sola pregunta, la misma para todos. Después de lo cual quedan bajo llave tanto los cuatro hermano Garrucha, como el tabernero mentiroso.

¿Qué pregunta les hizo el comisario a los consumados ladrones?

133. El interrogatorio

El inspector Benigno ha registrado la guarida de los Cornejos y ha dado en el blanco una vez más. Se encontró un equipo estereofónico nuevo de trinca, un collar de diamantes y un maletín lleno de dólares falsos, todo lo cual pasará a servir de prueba contra ellos ya que no consiguen explicar satisfactoriamente la procedencia de tales objetos. Pero el interrogatorio se evidencia difícil, los hermanos hablan poco y sus manifestaciones son ambiguas; además no han firmado las declaraciones, de manera que ni siquiera se sabe quién dijo qué:

1 «Luis robó el collar».
2 «Gorka no ha robado el collar».
3 «Eduardo no tiene nada que ver con los billetes falsos».

El inspector manda encerrarlos, no muy seguro de lo que va a hacer con ellos. Pero entonces acude en su ayuda la casualidad. El agente de guardia en los calabozos dice que, nada más ponerlos bajo llave estalló una gran discusión entre los

Cornejos, al parecer porque uno de ellos dijo la verdad durante el interrogatorio. Contando con este dato, Benigno vuelve a leer las declaraciones y después de reflexionar brevemente se persuade de que ya tiene una acusación para cada uno de los hermanos.

134. Lo celebró demasiado pronto

El inspector Benigno que anda investigando el «crimen del Expreso Naranja», interroga una vez más a Inocencio, el heredero de la víctima. Para ello lo visita en su domicilio, y le anuncia a bocajarro que es el principal sospechoso.

-Mire usted, Inocencio, tenemos testigos que le vieron en el expreso a la hora del crimen. Usted es el heredero universal. Así que no me ponga las cosas difíciles, ¡y confiese de una vez!

Pero Inocencio no tiene la menor intención de hacer tal cosa, sino que se saca un papel del bolsillo y se lo enseña al inspector.

-Más vale que lea esto. Si es cierto lo que dice este papel, dentro de unos momentos voy a recibir la visita del asesino.

Benigno lee el billete y se queda como electrizado. La letra coincide con la de una carta que se encontró en el portafolios de la víctima.

-¿De dónde ha sacado esa nota? -pregunta en tono amenazador al tiempo que examina el papel con ayuda de una lupa que ha tomado del escritorio de Inocencio. Éste replica sin inmutarse:

- ¿Un cigarrillo, inspector?

- No, gracias -contesta Benigno-. Pero, si me permite...

Se saca del bolsillo una caja de puritos, da fuego a Inocencio y ambos fuman unos momentos, después de lo cual el inspector prosigue el interrogatorio en un tono algo menos brusco:

- Dígame cómo ha conseguido esa noticia.

Pese a los momentos de relajación, Inocencio no está más comunicativo que antes, sin embargo.

- Esperemos. El remitente no tardará. Sentémonos mientras tanto.

En vista de que no hay nada mejor que hacer, Benigno se deja caer en el sofá más próximo, deja el purito en el cenicero, y se pone a examinar de nuevo la nota. En ese instante llaman a la puerta. Benigno salta como impulsado por un resorte, arroja la carta y la lupa sobre la mesa de centro y susurra:

-Voy a esconderme en el armario. Si es el asesino, intervendré en seguida.

Inocencio, a quien todo esto parece la mar de emocionante, encierra al inspector en el ropero del vestíbulo y luego abre la puerta.

-¿Está usted solo, Inocencio? -se oye la voz del visitante.

-Tal como usted exigió -contesta Inocencio llevándose al temible visitante hacia el salón.

El recién llegado echa una ojeada a la estancia y gira inmediatamente sobre sus talones.

-Esto es una trampa. ¡Usted no está a solas! -exclama, y sale a toda prisa abandonando la vivienda. Cuando Benigno consigue salir del armario, el desconocido ya ha puesto pies en polvorosa.

- Está bien -intenta recobrar la compostura Benigno-. Al menos usted sabe ahora qué cara tiene el asesino. Supongo que el resto será cuestión de rutina.

Pero Inocencio no participa en absoluto de esa opinión.

¿Cómo supo el asesino que Inocencio no estaba solo en su casa?

135. Criptografía

El arte de proteger el secreto de los mensajes atrajo siempre la curiosidad de los escritores más visionarios. *El escarabajo de Oro* de Edgar A. Poe trata de la ubicación de un tesoro pirata, doblemente protegido por un método de sustitución y un lenguaje en clave. En *Viaje al centro de la Tierra*, Jules Verne obliga a descifrar las runas de Arne Saknussem, y en *Un capitán de quince años* plantea otro sistema de cifra ya bastante más profesional.

Eran más visionarios de lo que ellos mismos creían: Los modernos ordenadores son máquinas criptográficas de principio a fin, es decir, desde el lenguaje avanzado de programación, interpretado o compilado, hasta el código binario; deben su origen a las necesidades de los criptógrafos ingleses durante la Segunda Guerra Mundial, y utilizan profusamente métodos criptográficos a fines de lograr la seguridad de la información.

¿Qué le dice a usted el mensaje criptográfico siguiente?

UDTCCSSOND

136. Criptograma

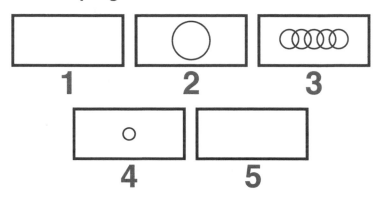

El ejemplo siguiente es uno de los más ofensivos para la inteligencia humana, y su confección presupone largas horas de holganza tabernaria. Merecería figurar en cualquier tratado de *Oceanografía del tedio*:

¿No vienes a bañarte?

137. Echar margaritas a los cerdos

Esta frase hecha significa:

a) Derrochar el dinero.

b) Salir de excursión por el campo.

c) Regalar a quien no tiene capacidad para apreciar el valor de las cosas.

d) Hablar en un mitin político sabiendo que los oyentes son de opiniones contrarias a las del orador.

138. ¿Cómo se llama el miedo a los espacios abiertos y los lugares públicos?

a) Claustrofobia

b) Aerofobia

c) Espaciofobia

d) Agorafobia

139. Tiralevitas

Palabra que significa:

a) Un sastre

b) Un adulador

c) El encargado de un guardarropa

d) Un eclesiástico

140. ¿Qué es un estromatolito?

Sabemos que las palabras terminadas en «lito» tienen algo que ver con la piedra, llamada *lithos* en griego. Un estromatolito es:

a) Un jeroglífico esculpido en la pared de una mastaba.

b) Un mineral de hierro.

c) Una piedra compuesta de organismos mineralizados.

d) Una parte del arquitrabe, en los templos de los antiguos.

141. Punto de inflexión

Expresión muy utilizada en la jerga política actual, diciendo que un asunto o un problema «ha alcanzado su punto de inflexión», en realidad pertenece a la geometría analítica y significa:

a) El punto donde una curva alcanza su máximo.

b) El punto donde la tangente corta la curva.

c) El punto donde la curva pasa de menos cero a más cero.

d) El punto a partir del cual la curva tiende a infinito.

142. Parafernalia

Otra palabra usada a menudo por los políticos y otros comunicadores, por lo general en la forma algo redundante «toda la parafernalia». De hecho significa:

a) Cosas absurdas o inútiles.

b) Cosas sobrantes.

c) Cosas infernales.

d) Cosas anejas.

143. ¿Sabemos qué es el nadir?

a) Punto de la esfera celeste diametralmente opuesto al cenit.

b) Punto de la esfera terrestre situado en la vertical del cenit.

c) En Marruecos, un tipo de funcionario administrativo.

d) Punto de ocultación del Sol en los eclipses.

144. La edafología es:

a) El estudio de la alimentación correcta.

b) El estudio del suelo.

c) El estudio del aparato digestivo.

d) El estudio de las afecciones de la boca.

145. Hablar por boca de ganso

Frase hecha que significa:

a) Repetir lo que ha dicho otro.

b) Decir tonterías, hablar con poco fundamento.

c) Hacerse el gracioso.

d) Hablar a solas.

146. Horas de reloj

Esto sí que no le había ocurrido nunca al señor Callado. Enfrascado en la interesantísima conversación con el señor Pulido, olvidó la hora.

-¡Dios mío! Pulido, esta vez pierdo el tren, ¡seguro! ¿Qué hora tienes? Es que mi reloj atrasa. Pulido contesta:

- Ya sabes que yo soy un hombre feliz, y los hombres felices no tenemos hora. Pero si te asomas por la ventaja y te vuelves hacia la derecha, verás el reloj de la torre al fondo de la calle.

- Pues es verdad -exclama Callado desde la ventana-.
Me da el sol en la cara y sólo veo la mitad de la esfera. La aguja pequeña está en la otra mitad, pero la grande se ve perfectamente.

Callado regresa al lado de Pulido al tiempo que pone en hora su reloj.

- Lo llevaba atrasado doce minutos. El tren ya salió, así que podemos seguir hablando tranquilamente.

- ¿A qué hora sale el siguiente? -le pregunta Pulido.

- Hasta dentro de seis horas no hay otro tren, así que tenemos todo el tiempo del mundo para hablar -sonríe Callado, satisfecho.

¿Cuándo se marchará Callado?

147. De gatos y ratones

Zoquete se ha dado cuenta de que, como siempre le suele ocurrir, está aburriendo a la concurrencia con sus fanfarronadas, por lo que muda rápidamente la conversación y dice:

- El otro día solté a mis cinco gatos y para que veáis, cinco minutos después cada uno de ellos me trajo un ratón.

- ¿Y qué? -dice Pensativo, que es uno de los contertulios-. ¿A cuántos gatos crees que tendrías que alimentar para que cazaran cien ratones en cien minutos?

Zoquete empieza a contar con los dedos, pero Pensativo pierde la paciencia:

- ¡Con razón te llamas Zoquete! y poniéndose en pie, abandona la tertulia.

¿Le daría usted la razón a Pensativo, y por qué?

148. Por docenas es más fácil

Coloque los números
del 1 al 12 como sigue:

Los impares van dentro del triángulo, los pares en el interior del círculo, y los números divisibles por tres han de quedar dentro del cuadrado.

¿Qué aspecto tendrá el resultado?

149. Cola de espera

En la tienda de bocadillos del barrio, cada cliente que entra recoge un número. A la hora del almuerzo los clientes desde el número 17 hasta el 31, ambos incluidos, están esperando a que se les atienda. Si los contamos, ¿cuántos hay?

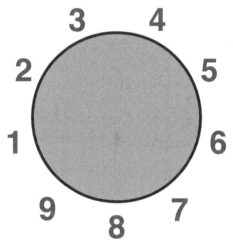

150. Círculo mágico

En un círculo se disponen los números del 1 al 9. ¿Puede separarlos en tres grupos, sin alterar su orden, de forma que la suma de los números de cada grupo sea la misma?

151. ¿Quién es más rápido?

Héctor puede correr desde la estación de tren hasta la casa de sus padres en ocho minutos. Su hermano menor, Darío, puede recorrer la misma distancia ocho veces en una hora (no es que lo necesite). ¿Quién es el más rápido?

152. Huevos en el acto

Si se necesitan tres minutos y medio para cocer un huevo, ¿cuánto tiempo hará falta para cocer cuatro huevos? ¡Cuidado!

153. La estudiante promedio

Melisa obtuvo una mala nota en la primera tarea que le asignaron en su nueva escuela: una estrella tan sólo de cinco posibles. Decidió mejorar. ¿Cuántas calificaciones de cinco estrellas necesita recibir antes de alcanzar una calificación promedio de cuatro estrellas?

154. Jugando a las damas

Cinco muchachos se sientan a jugar algunas partidas de damas. Si cada uno de los cinco juega una partida con cada uno de los demás, ¿cuál será el número total de partidas?

155. Una gran diferencia

Su reto consiste en colocar los dígitos 2, 4, 6 y 7 en las casillas de la figura de forma que la diferencia entre los dos números de dos dígitos sea la mayor posible.

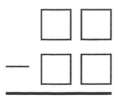

156. Una diferencia menor

¿Qué tal si pretendiera conseguir que la diferencia sea la menor posible?

157. Uno y solo uno

Lo crea o no, existe solamente un número cuyas letras están en orden alfabético. ¿Lo puede encontrar?

158. Paloma mensajera

He aquí un clásico. Un tren A parte de una ciudad en dirección a otra situada a 600 kilómetros de distancia, a la vez que de esta última sale otro tren B en dirección a la primera ciudad. En el instante de partida, una paloma vuela desde el tren A al encuentro del B, momento en que retrocede en busca del A, para regresar de vuelta al B, y así hasta que ambos trenes se cruzan. Si la velocidad de ambos trenes es de 60 kilómetros por hora, y la de la paloma de 100 kilómetros por hora,

¿Cuántos kilómetros habrá recorrido la paloma cuando tenga lugar el cruce de trenes?

159. La cuenta atrás

¿Cuántos rectángulos puede encontrar en este diagrama?

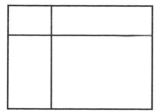

160. División corta

Trate de realizar la siguiente división escribiendo directamente el resultado.

$$497.637.357 \div 7$$

161. Los ladrones no son gente honrada

Una valiosa joya fue robada de Ciudad Esmeralda de Oz. Las sospechas recayeron naturalmente en los tres visitantes no humanos: el Espantapájaros, el Hombre de Hojalata y el León Miedoso. Fueron enjuiciados por el famoso Mago de Oz. En el juicio, el Espantapájaros adujo que el Hombre de Hojalata era inocente. El Hombre de Hojalata afirmó que el León Miedoso era inocente. En cuanto a este último, masculló algo que nadie pudo entender.

Si una persona inocente nunca falta a la verdad y un ladrón miente siempre, ¿qué podemos decir acerca de la culpabilidad de los sospechosos?

162. Razonamiento circular

Una solamente de las
cuatro líneas del diagrama
anexo divide al círculo
en dos partes iguales.
¿Puede indicar cuál es?

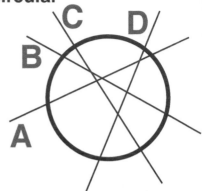

163. Trato o treta

La noche de Halloween tocaba a su fin, y quedaban menos de 20 caramelos en la casa de la familia Amable. Cuando sonó la campanilla de la puerta, el señor Amable pensó que se trataba del último grupo de visitantes de la noche, así que decidió que repartiría entre sus componentes el resto de sus golosinas.

Frente a la puerta estaban dos niños, uno disfrazado de fantasma y el otro de león. El señor Amable quería darles el mismo número de caramelos, pero se dio cuenta de que faltaba uno para formar dos montones iguales.

Entonces advirtió que una bruja se escondía tras el león, de modo que teníamos tres visitantes. Trató de repartir los caramelos equitativamente entre los tres, pero también esta vez faltaba uno.

Por último, Drácula hizo su aparición por detrás del fantasma. El señor Amable intentó de nuevo repartir los caramelos entre los cuatro chicos, pero le seguía faltando uno.

¿Cuántos caramelos tenía el señor Amable al sonar la campanilla?

164. Rosquillas. Pruébelo en casa

Supongamos que una rosquilla baja en calorías tiene un 95 por ciento menos calorías que las de otra normal. ¿Cuántas rosquillas bajas en calorías tendría que comer para obtener tantas calorías como las que conseguiría con una normal?

165. Conecte los puntos

¿Puede colocar diez puntos en una página utilizando solamente cinco segmentos de cuatro puntos cada uno?

166. Menudo buñuelo

Una máquina portátil de fabricar buñuelos produce 120 por minuto, mientras que otra máquina fija fabrica 3 buñuelos por segundo. ¿Cuántas máquinas portátiles se necesitan para igualar la producción de 4 máquinas fijas?

167. Un año extraordinario

El año 1978 tiene una propiedad insólita: si se añade el 19 al 78 se obtiene 97, ¡los dos dígitos centrales del año!

¿Cuál es el siguiente año que tiene la misma propiedad?

1978

168. Una división extensa

El profesor Matesman se acercó a la pizarra y demostró a su atónita clase que la mitad de ocho es igual a tres. ¿Cómo lo hizo?

$$\frac{1}{2}\, 8 = 3$$

169. Como en Roma

¿Le pareció demasiado fácil el problema anterior? En ese caso, intente demostrar que la mitad de nueve es igual a cuatro.

$$\frac{1}{2}\, 9 = 4$$

170. Senda numérica

Coloque los números del 1 al 20 en la rejilla siguiente de tal modo que formen una cadena continua. En otras palabras, comenzando con 1, debe ser capaz de llegar al 2 desplazándose a la izquierda, a la derecha, hacia arriba o hacia abajo (nunca en diagonal), hasta llegar al 20. Las posiciones de 2, 7, 10 y 17 han de ser las mismas que se presentan. Solamente existe una solución ¿Puede hallarla?

	7	10		
	2			17

171. Extraño bingo

Imagine que está ju-
gando al bingo utili-
zando el cartón que
se muestra, en el
cual ¡todos los nú-
meros son impares!

23	11	25	15	41
1	37	31	5	17
9	21	LIBRE	27	47
43	35	33	29	7
19	45	3	39	13

La idea que preside
este juego particular es la de que hay que obtener un bingo, ya
sea en fila, en columna o en diagonal, que sume precisamente
100. Esto se puede conseguir solamente de una manera. ¿Adi-
vina cuál es?

172. Dos trabajadores mejor que uno

Si un trabajador puede completar una tarea en 6 días y a un
segundo trabajador le lleva 12 días terminar el mismo trabajo,
¿cuánto tardarán trabajando los dos juntos?

173. Diamante en bruto

De los cuatro palos que forman la baraja francesa, solamente
los diamantes son simétricos, en el sentido de que los diamantes, a diferencia de las picas, tréboles o corazones, se ven del
mismo modo aunque la carta se invierta.

No obstante, una de las 13 cartas de diamantes es distinta
cuando se la vuelve hacia abajo. Sin comprobar ninguna baraja que pueda tener a mano, ¿puede decir cuál es esa carta de
diamantes no simétrica?

174. Tres son un encanto

Supongamos un artículo barato que se puede comprar por menos de un dólar. Lo podemos comprar con cuatro monedas. Si quisiéramos comprar dos de tales artículos, necesitaríamos al menos seis monedas. Para comprar tres, sin embargo, solamente necesitamos dos monedas. ¿Cuánto cuesta?

Tenga en cuenta que dispone solamente de cinco clases de moneda: de un centavo (penny), de cinco céntimos (nickel), de diez céntimos (dime), de veinticinco céntimos (quarter) y de cincuenta céntimos (medio dólar).

175. ¿Quién es el mentiroso?

A cuatro amigos, Andrés, Bárbara, Silvia y Daniel se les presenta un número. He aquí lo que dicen acerca del mismo:

Andrés: **Tiene dos dígitos**

Bárbara: **Divide a 150**

Silvia: **No es igual a 150**

Daniel: **Es divisible por 25**

Resulta que uno (y sólo uno) de los cuatro amigos miente. ¿Cuál de ellos es?

176. Sin bromas

En el año 2000, el día 28 de diciembre (día de los Santos Inocentes) tuvo lugar en jueves. ¿Qué día de la semana fue el 28 de diciembre de 1999? ¿Y el 28 de diciembre de 2001?

177. El precio de la diversión

Un platillo frisbee y una pelota cuestan en total 6,20 euros. El platillo cuesta 1,20 euros más que la pelota. ¿Cuánto cuesta el platillo?

178. Guerra de tarifas

Suponga que en Megalópolis los taxis cargan 75 céntimos por el primer cuarto de kilómetro y 15 céntimos por cada cuarto de kilómetro adicional. En Ciudad Nube, los taxis cobran 1 euro por el primer cuarto de kilómetro y 10 céntimos por cada cuarto de kilómetro adicional. ¿Para qué distancia el total es el mismo en ambos casos?

179. Potencias de cuatro

Bias y Ernesto se turnan multiplicando números. Bias elige para empezar el número 4. Ernesto lo multiplica por 4 y obtiene 16. Bias lo multiplica a su vez por 4 y obtiene 64, resultado que Ernesto multiplica por 4, obteniendo 256.

Al cabo de varios turnos, uno de ellos obtiene el número 1 048 576. ¿Quién lo ha conseguido, Bias o Ernesto?

No se preocupe, porque el problema es más fácil de lo que a primera vista pueda aparentar. No es necesario que efectúe todas las multiplicaciones para deducir la respuesta correcta.

180. Copia rápida

Si 4 fotocopiadoras pueden procesar 400 hojas de papel en 4 horas, ¿cuánto tiempo tardarán 8 fotocopiadoras en procesar 800 hojas?

181. Agente 86

Rellene las casillas vacías de modo que las filas, columnas y las dos diagonales sumen el mismo número en todos los casos.

32	19		8
10	25		
9			
35	16		11

182. Descanso cósmico

Mientras viajaba por Rusia compré seis historietas por un total de diecisiete rublos. Algunas costaban un rublo, otras dos, y la más cara valía diez rublos por ejemplar.

¿Cuántas compré de cada clase?

183. El corral de la mascota

Suponga que tiene una gran longitud de valla con la que hacer un corral para Chufo, su nuevo cachorro. Si quisiera que Chufo disponga de la mayor superficie posible para deambular por ella, ¿qué forma ha de tener el vallado?

184. Buscando primos

Un número se llama «primo» si es divisible solamente por sí mismo y por la unidad. El número 1, sin embargo, no se considera primo. Los diez primeros números primos están ocultos en el cuadrado anexo. ¿Puede encontrarlos? Le sugiero que rellene con un lápiz cada casilla que con tenga un número primo.

32	16	24	33	45	28	54
40	23	2	11	5	19	12
14	36	10	55	17	34	49
6	50	38	13	22	51	20
21	35	3	46	27	18	39
9	29	48	15	4	52	26
55	44	25	8	42	30	1

185. Mirando por la ventana

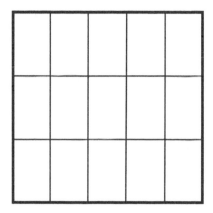

La ventana del salón de Roberto se ha ensuciado mucho. Cuando le pregunta a un profesional cuánto tardaría en limpiarla, éste le dice que le llevará 30 segundos limpiar cada superficie de 15 x 25. A Roberto le parece una respuesta extraña, hasta que se da cuenta de que 15 x 25 es el tamaño de un cristal individual. En tal caso ¿cuánto durará todo el trabajo?

186. Pon dos céntimos

Hace muchos años, cuando las cosas costaban bastante menos que ahora, dos hermanos, Arón y Basilio, fueron a la papelería de la esquina a comprar un cuaderno. Lamentablemente, no llevaban mucho dinero. Arón se dio cuenta de que le faltaban dos céntimos para pagar el cuaderno, mientras que a Basilio le faltaban 24 céntimos para pagarlo por su cuenta. Cuando juntaron su dinero, resultó que ¡tampoco tenían dinero suficiente para comprar el cuaderno!

¿Cuánto costaba el cuaderno?

187. Haciendo surf

En una tienda de deporte de surf de Fuerteventura, en las Islas Canarias, una tabla de surf está en oferta por 100 euros. Según el vendedor, el nuevo precio representa un descuento del 20 por ciento con respecto al precio original. ¿Por cuánto se vendía originalmente?

188. Recogiendo manzanas

El Huerto Séptimo Cielo decide efectuar una venta especial al final de la estación, esperando que la gente acuda y compre las manzanas que ya han caído de los árboles. Establecen un sistema especial para poner precio a las manzanas. Las bolsas contienen siete manzanas cada una. El vendedor carga cinco céntimos por cada bolsa de siete manzanas, y 15 céntimos por cada manzana suelta.

De acuerdo con este sistema, ¿qué cuesta más: 10 manzanas, 30 manzanas o 50 manzanas?

189. Sorpresa de cumpleaños

Un profesor de matemáticas mostraba a sus alumnos un hecho notable del mundo de las probabilidades. Les dijo que, puesto que había 23 alumnos en la clase, la probabilidad de que dos de ellos compartieran el mismo día de cumpleaños era igual al ¡50 por ciento!

El profesor esperaba que sus alumnos se mostraran sorprendidos, ya que muchas personas imaginan que se necesita bastante más gente para que la probabilidad de compartir cumpleaños alcance el 50 por ciento. Pero la clase no se sorprendió en absoluto. De hecho, un alumno afirmó que el profesor había calculado mal, y que la probabilidad de un cumpleaños compartido en la clase era en realidad bastante mayor que el 50 por ciento.

¿Qué es lo que pasó por alto el profesor?

190. Salto generacional

El abuelo Juan tiene cuatro nietos. Cada uno de ellos es justamente un año mayor que el que le sigue en edad. Un año Juan se da cuenta de que sumando las edades de sus cuatro nietos el resultado es la suya. ¿Cuántos años tiene el abuelo Juan?

A) 76
B) 78
C) 80

Respuestas

1. Acantilado

Cronometra la caída de la piedra. La fórmula es: distancia = $4,9x^2$ metros, en la que x es el número de segundos. (La aceleración debida a la gravedad es de 9,8 m/s^2.)

2. Eliminatoria

90 clasificados.
Se jugaron 87 partidos, por lo que tenemos 87 perdedores. Añade los dos que no pudieron jugar sus partidos, luego añade el ganador del campeonato, y obtienes el número total de clasificados.

3. Campo

41,4 minutos.
En una hora, juntos, siegan 1/6 + 1/5 + ¼ + 1/3 + ½ igual a 87/60 del campo. Siegan un campo en 60/87 horas = 41,4 minutos.

4. Cuadrado mágico

Todos estos números, vistos al revés, se leen igual o son números distintos. Por lo tanto, el problema se puede resolver del siguiente modo para formar un Cuadrado mágico en el cada línea horizontal, vertical y diagonal de esquina a esquina sume 264.

18	99	86	68
88	69	98	16
61	16	18	99
19	68	11	96

96	11	89	68
88	69	91	16
61	86	18	99
19	98	66	81

5. Decimal

$$\frac{7777}{9900}$$

$$\begin{aligned}
\text{x1} \quad &= 0,78\overline{5555} \\
\text{x 100} &= 78,\overline{555555} \\
\text{Subtract: x 99} \quad &= 77,77 \\
\therefore \text{x 1} \quad &= 77,77/99 = 7777/9900
\end{aligned}$$

6. Velocidad media

4,8 km/h
Digamos que el trayecto era de 6 kilómetros la ida o la vuelta.
A 6 km/h, corriendo, tardaría 1 hora; y de vuelta, andando, tardaría 1 hora y media.
Esto significa que tarda 2 horas y media en recorrer 12 kilómetros, o lo que es lo mismo, tarda una hora en recorrer 4,8 kilómetros.

7. Hija

Yo tengo 40 años. Mi hija 10.

8. Encuentra la secuencia

Empieza en el 1 y añade uno, luego dos, luego tres, etc., es decir:
1, 2, 4, 7, 11, 16, 22, 29, 37, 46, 56, 67, 79, 92, 106, 121, 137, 154.

1	1	2	1	2	1
1	2	6	2	6	1
1	4	2	1	0	3
7	3	9	2	9	7
7	6	7	7	9	1
4	5	6	6	5	4

9. Hijas

8, 3 y 3 años. Las edades son los tres factores de 72, que son los que te mostramos. Su suma, la puntuación del primer dardo, la tienes en la columna de la derecha. 74 y 23 no son posibles con un solo dardo.

72	1	1	74
36	2	1	39
24	3	1	28

10. Octodado

49 a 15 en contra

1 -1	2-1	3-1	4-1	5-1	6-1	7-1	8-1
1-2	2-2	3-2	4-2	5-2	6-2	7-2	8-2
1-3	2-3	3-3	4-3	5-3	6-3	7-3	8-3
1-4	2-4	3-4	4-4	5-4	6-4	7-4	8-4
1-5	2-5	3-5	4-5	5-5	6-5	7-5	8-5
1-6	2-6	3-6	4-6	5-6	6-6	7-6	8-6
1-7	2-7	3-7	4-7	5-7	6-7	7-7	8-7
1-8	2-8	3-8	4-8	5-8	6-8	7-8	8-8

Lanzamientos = 64
Lanzamientos de 12 o más = 15
Lanzamientos por debajo de 12 = 49
Posibilidades: 15 de 64
Probabilidades: 49 a 15 en contra

11. Cuadrado mágico

4	14	15	1
9	7	6	12
5	11	10	8
16	2	3	13

12. La carrera

El hombre A gana de nuevo.
Sabemos por la primera carrera que el hombre A corre 100 metros en el mismo tiempo que el hombre B corre 90. De este modo, puesto que el hombre A empieza 10 metros detrás de la línea, los hombres estarán a la misma altura cuando falten 10 metros para llegar. Si el hombre A es el corredor más rápido, acaba adelantando al hombre B en los últimos 10 metros y gana la carrera.

13. Fracciones mixtas múltiples

$$9 \frac{5742}{\left(\frac{638}{1}\right)}$$

14. Secuencia

255.
Son horas (sin los dos puntos), y se añade 15 minutos cada vez: 1:55, 2:10, 2:25, 2:40, 2:55.

15. Avanzar y retroceder

15 kilómetros.
El hombre camina 10 kilómetros a 4 km/h, con lo que tarda 2 horas y media. Por lo tanto, el perro corre 2 horas y media a 6 km/h y recorre 15 kilómetros.

16. Bridge

(c) 153 753 389 900.
La respuesta la obtenemos a partir de

$$\frac{521 \text{-} 391}{131} \div 4$$

17. El cubo de Rubik

(a) 4 seguido por 19 ceros, aproximadamente.
El número exacto es 43252003 2744898 56000, que se obtiene así:

$$\frac{8! \times 12! \times 3^8 \times 2^{12}}{2 \times 3 \times 2}$$

donde 8! = 8 x 7 x 6 x 5 x 4 x 3 x 2 x 1
y 3^8 = 3 x 3 x 3 x 3 x 3 x 3 x 3 x 3

18. Secuencia

196418.
La secuencia se obtiene a partir de cada cuarto número de la secuencia de Fibonacci.
La secuencia de Fibonacci se forma empezando por el 0, 1 y sumando estos dos números para obtener el próximo número:

0, 1, 1, 2, 3, 5, 8, 13, 21, 34, 55, 89,144, 233, 377, 610, 987, 1597, 2584, 4181, 6765, 10946, 17711, 28657, 46368, 75025, 121393, 196418.

Los números subrayados son, respectivamente, el tercero, el séptimo, el undécimo, el decimoquinto, decimonoveno, vigésimo tercero y vigésimo séptimo números Fibonacci.

19. Serie

81.

Multiplica el primer término por 2 para obtener el segundo término; suma 7 para obtener el tercero, y así sucesivamente. Así, 4 x 2 = 8; 8 + 7 = 15; 15 x 2 = 30; 30 + 7 = 37; 37 x 2 = 74; 74 + 7 = 81.

20. Nueve

2	7	3	6
5	9	6	7
4	1	8	5
7	1	1	9

21. Serie

0.

Resta 3, luego haz la raíz cuadrada.

22. Adición

$$
\begin{array}{r}
475 \\
3862,7 \\
12,56 \\
+\ \underline{158,31} \\
4508,57
\end{array}
$$

23. Calcetines en la oscuridad

23.

Si sacase 21 calcetines éstos podrían ser todos los negros y todos los azules. Debe sacar dos más para asegurarse de que saca un par de calcetines grises.

24. Naranjas

4/52 x 3/51 igual a 1/221
Una probabilidad entre 221, o probabilidades de 220 a 1.

25. Números cuadrados

3	5	7	7	7	7	1	6	5776
1	1	5	3	4	2	1	1	1521
3	6	7	5	4	8	6	9	7569
1	8	2	9	2	5	3	9	1225
9	2	2	1	8	6	6	6	9216
6	1	2	8	4	4	9	3	1849
3	1	1	6	3	9	9	6	3136
4	6	5	8	9	8	9	6	6889

3	1	7	7	4	8	1	1
3	6	2	3	4	6	3	9
6	8	2	9	8	4	6	3
4	1	5	6	9	9	9	6

26. El número perdido

754

$$\frac{56 \times 65}{6} = 6$$

$$\frac{68 \times 86}{8} = 731$$

$$\frac{78 \times 87}{9} = 754$$

27. Conexiones

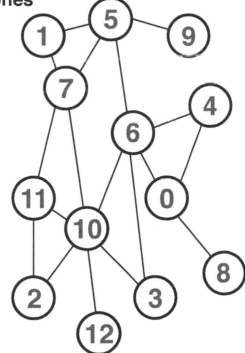

28. Secuencia

42.

$7^2 + 4^2 + 1^2 + 6^2 + 9^2 = 183$ $1^2 + 8^2 + 3^2 = 74,$

$7^2 + 4^2 = 65, 6^2 + 5^2 = 61, 6^2 + 1^2 = 37, 3^2 + 7^2 = 58,$

$5^2 + 8^2 = 89, 8^2 + 9^2 = 145, 1^2 + 4^2 + 5^2 = 42.$

29. Carrera de caballos

6 a 1 en contra

30. Los números perdidos

2713	42	8

1936	162	12

7413	84	32

2 x 7 x 1 x 3 = 42   4 x 2 = 8

1 x 9 x 3 x 6 = 162   1 x 6 x 2 = 12

7 x 4 x 1 x 3 = 84   8 x 4 = 32

31. Aritmética mental

500500.

Si se escriben los números 1-1000, se puede ver que cada par opuesto de números suma 1001 (1000 + 1, 999 + 2, etc., hasta 500 + 501). Puesto que hay 1000 números, debe haber 500 de estos pares. La suma, por lo tanto, es 1001 x 500 = 500500.

32. Nivel del mar

96 pies

La fórmula es

$$\text{altura} = \frac{2n^2}{3} \text{ pies}$$ (*n* es la distancia en millas)

Así, la altura = 2 x 12 x 12 / 3 = 96 pies

33. Emplea tu cerebro

7	+	5	÷	4	=	3
−		−		−		×
4	+	1	+	3	=	8
×		+		÷		÷
3	×	2	÷	1	=	1
=		=		=		=
9	−	6	+	1	=	4

34. Fracciones mixtas

$$20 = 6 \, \frac{13258}{947} \qquad 27 = 15 \, \frac{9432}{786}$$

35. El discordante

6859.
Son todos números cúbicos, pero en todos los otros números la suma de los dígitos equivale a la raíz cúbica.
Por ejemplo: 4913, en el que 4 + 9 + 1 + 3 = 17
y 173 (17 x 17x 17) = 4913.

36. Serie

39.
Números no primos, empezando por el 28.

37. Once

7	3	4	8
2	9	8	1
3	6	5	2
8	0	1	9

38. Impares en el interior

14	20	21	2	8
10	11	17	23	4
1	7	13	19	25
22	3	9	15	16
18	24	5	6	12

39. ¿Qué viene ahora?

6.

Multiplica los dos primeros dígitos de cada número y luego suma y multiplica los dígitos siguientes alternativa mente.

7 x 6 + 3 x 5 + 9 x 2 = 468
4 x 6 + 8 = 32
3 x 2 = 6

40. Ranas

5 ranas

41. El enigma de la esfinge

El animal sugerido por la Esfinge es el hombre, que gatea por el suelo cuando es un infante, camina como bípedo en su edad adulta y en la vejez, se ayuda con una tercera pata que es el bastón.

42. Picardías

1. El reloj de bolsillo
2. El abanico
3. Los calcetines
4. Las medias de nailon
5. El buzo
6. Un coco

43. Una de pirómanos

Se llamaba Eróstrato, motivo por el cual se denomina *erostratismo* el absurdo afán de mutilar obras de arte o cometer otros actos vandálicos o incluso crímenes, por puro afán de notoriedad.

44. Los enigmas de Alejandro

1. En la tierra, porque el mar forma parte de la Tierra.
2. El día gana por un día: día y noche juntos cuentan
   como un día, por tanto ese día abarca el día y la noche.
3. El número de vivos porque los muertos ya no cuentan.
4. La vida, porque soporta muchos infortunios.
5. Ninguna de las dos cosas, porque nada dura sin el ser.
6. Haciendo aquello que fuese imposible para un hombre.

45. Pirámides a pintar

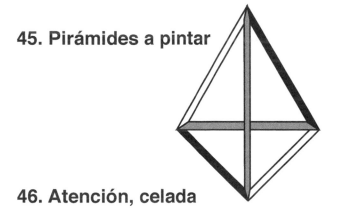

46. Atención, celada

Los combatientes fueron diez honderos que no se agacharon a recoger piedras porque las llevaban en zurrones. Como estaban en alta mar, murieron de sed y empapados hasta la barbilla pero no de agua, sino de sudor.

47. Enigma escénico

El sueño. Acertijo del drama homónimo de Alexis.

48. Cuestión de interpretación

El cangrejo. Sus pinzas y el primer par de patas le sirven para caminar y forman parte, al mismo tiempo, del sistema de captura y deglución de las presas.

49. Una antigua burrada

El burro llevaba 5 sacos y el mulo 7.

50. El juego de Josefo

Josefo en el lugar 16° a partir del primero que fue contado, y su amigo en el 31°.

51. Entre la sartén y el fuego

La joven dijo: «Seré torturada y quemada». Lo cual impedía torturarla y quemarla ya que en tal caso habría dicho verdad y se haría acreedora a la muerte por ahogamiento. Pero si la hubiesen ahogado, la frase habría sido mentira y por tanto habría sido preciso torturarla y quemarla, con lo cual le habrían dado la razón a ella. En consecuencia la serpiente se mordió la cola y no tuvieron más remedio que dejarla en libertad.

52. Adán y Eva

¡Porque no tenían ombligo!

53. El mundo en adivinanzas

1. El cielo, las estrellas y la luna
2. El rayo, el trueno y la lluvia
3. La tormenta de granizo
4. Un campo segado
5. Un barco en el mar
6. Los dientes y la lengua
7. Eva, la mujer de Adán
8. El violín
9. El cristal de la ventana
10. La nuez
11. La luna
12. El calor de la habitación
13. El rabo de la vaca
14. Una botella de vino
15. El cascanueces
16. Una escoba de crin
17. El bebé en la cuna y el cura en el entierro
18. La manteca en la sartén
19. La fresa
20. La aceituna y el aceite
21. El caracol
22. La vejez: el cabello blanquea, la figura se encoge, los dientes se caen y el bastón acude en ayuda de las piernas
23. El hombre
24. La guindilla
25. El higo
26. El calcetín y el pie

27. La sombra
28. Un hijo
29. El rocío
30. La pista de un camello
31. La luna
32. El pecho materno
33. El estudio
34. La falta de conformidad
35. Los palillos de comer
36. La esquila de la vaca
37. El abanico
38. La luna

54. Sushimanía

Si los sushis restantes no dan para tres por cabeza, dobon ser 7 u 8. Como el mísero resto debe representar los dos tercios de un número entero, tenemos que son 8 sushis restantes. Por tanto, la amiga encontró 12 y se comió 4. La hermana se comió 6 de 18, y la señora Peregrina que fue la primera devoró 9 sushi de 27.

55. Tres cuestiones sobre el mundo

1. El emperador del Japón y el Papa.
2. Los juegos olímpicos. Los colores de los anillos son amarillo, verde, azul, negro y rojo, y representan los cinco continentes.
3. En el Vaticano, puesto que allí tiene un representante.

56. Con el son cubano

1. El negro
2. El hambre
3. La caña
4. La limosna
5. Yo

57. Seis adivinanzas extemporáneas

1. El cazador tiene una perra que se llama Fresca
2. Los dedos de la mano
3. El camino
4. Las ruedas del carro
5. Los meses del año
6. La Luna

58. Enigma meteorológico

Pedro era muy bajito y no llegaba al botón del 9º piso. Sin embargo, cuando llueve se puede ayudar con el paraguas.

59. El fantasmón

En el hemisferio Sur, donde está Sídney, los solarios y las terrazas miran al norte ya que es así como reciben la máxima insolación.

60. Caminos que se encuentran

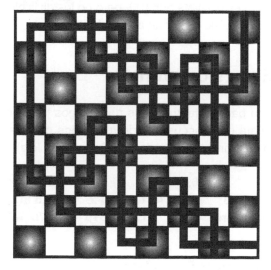

El camino de la solución es aquí el trazado en negro.

61. Ornitología

La única ave migratoria verdadera de entre estas cuatro especies es el estornino. En nuestras latitudes los mirlos y los tordos pasan el invierno con nosotros, y también los pinzones se quedan y aun aumenta su población con la visita de parientes montañeses del norte.

62. Extraños cumpleaños

La señora Céspedes nació el 29 de febrero de 1896. El primer cumpleaños lo celebró en 1904, y el centésimo lo celebraría el año 2220. Según nuestro calendario son bisiestos los años cuya cifra sea divisible por 4, exceptuándose todos los años cuya cifra sea divisible por 100, pero no los divisibles por 1000 (y por eso al 2000 se le han asignado 366 días).

63. Excursión otoñal

Peregrino pagó la factura. Los dos amigos llegaron a las tres horas. Esta es la secuencia de recorridos durante el original camino de regreso (A = andando; B = en bicicleta):

Horas	0,5	1	1,5	2	2,5	3
Km Peregrino	B7,5	A11,25	A15	B22,5	A26,25	A30
Km Piedeliebre	A3,75	A7,5	B15	A18,75	A22,5	B30

64. Teresa y Eusebio

Cuatro chicos y tres chicas.

65. Falsas gemelas

Las hermanas no mentían. La primera nació casi a medianoche de un 31 de diciembre y la segunda en enero, poco después de la medianoche. ¡Cómo para confundir a cualquier ingenuo!

66. Leyenda parda

Isabelinos se llaman los caballos de color entre blanco y amarillo.

67. Protocolo

El cambio de asientos se habría realizado así (M: mujeres; H: hombres; *: asiento vacío)

MMMMHHHH:	fila inicial
M**MHHHHMM:	primera permutación
MHHM**HHMM:	segunda permutación
MHHMHMH**M:	tercera permutación
**HMHMHMHM:	cuarta permutación

68. El vagabundo

Ocho

69. Lazos familiares

Homero y Crescencia von Hochgemut eran primos carnales, hijos a su vez de primos carnales. Por eso la pareja tiene los mismos abuelos, luego convertidos en bisabuelos del príncipe Hermes. Los padres de Crescencia son tío y tía de Homero, es esposo de aquélla; por esa vía, también son tía-abuela y tío-abuelo del príncipe Hermes. Y lo mismo puede decirse de los padres de Homero.

70. Amores reales

La pareja feliz formada por la reina Victoria de la Gran Bretaña (coronada "emperatriz de la India" en 1876) y el príncipe consorte Alberto de Sajonia-Coburgo. El nieto, Eduardo VII, que abdicó para poder casarse con la actriz divorciada Wallis Simpson.

71. El comadrón perfecto

El señor Troncoso memorizó la hora que marcaba el reloj parado y le dio cuerda en seguida. Una vez en la clínica no tuvo más que comparar el tiempo transcurrido según su reloj, con la hora oficial que marcaba el reloj del establecimiento.

72. Excursión familiar

Marido	Mujer	Niño	
Niño		Marido	Mujer
Marido	Mujer		Niño
Niño	Marido	Mujer	

El encargado repartió las camas entre las cuatro familias de manera que cada una de estas ocupó una fila horizontal. Los recuadros vacíos representan camas desocupadas.

73. Una corona con seis monedas

Mover las monedas en este orden

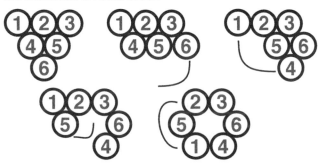

74. Enigmas a destajo

1. Las imágenes de las iglesias
2. Las lamentaciones de Viernes Santo (Son de los Diarios de Leonardo da Vinci; con razón escribía del revés para que no fuesen leídos fácilmente)
3. La letra "o".
4. El pintor
5. El dinero (según Quevedo)

75. Pensamientos laberínticos

1. El retrato
2. Una foto
3. El piano
4. El silencio

76. Circuito ferroviario

Se engancha el vagón 23 a la locomotora para empujarlo hacia el tramo recto. Luego se engancha el vagón 1, se pasa con él al semicírculo derecho, en cuyo momento desenganchamos y atravesamos el túnel con la locomotora regresando al tramo recto para enganchar el vagón 2. Con el vagón 2 enganchado, enganchamos también el 1 y pasamos los dos vagones al semicírculo izquierdo y dando marcha atrás, empujamos todo el tren hacia el tramo recto. Allí dejamos el vagón 1, transportamos el vagón 2 al semicírculo izquierdo, desenganchamos, pasamos por el túnel y solo queda entonces recoger el vagón 1 del tramo recto y llevarlo y llevarlo al semicírculo derecho, después de lo cual estacionamos la locomotora en el tramo recto.

77. Cartografías

El mapa alargado solo puede plegarse de 16 maneras distintas y el cuadrado solo de 8.
El mapa alargado admite las posibilidades siguientes: 2 plegados en acordeón, 4 doblando hacia dentro el extremo derecho o izquierdo; 2 doblando simultáneamente ambos extremos a modo de solapas, 4 pliegues con los extremos coincidentes y 4 modalidades de pliegue "en caracol".
El mapa cuadrado tiene solo 2 dobleces que hacia dentro o hacia fuera admiten dos veces 4 plegados diferentes.

78. La bombilla

Primero se enciendo el primer interruptor y el segundo. Al cabo de un rato apagamos el primeros. Y encendemos el tercero. Se entra en la habitación:

Si la bombilla está apagada y caliente era el primer interruptor.
Si la bombilla está encendida y caliente era el segundo.
Si la bombilla está encendida y fría era el tercero.
Si la bombilla está apagada y fría era el cuarto.

79. Garabatos

Esta muestra no puede dibujarse sin levantar el lápiz del papel.

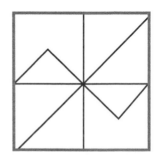

80. Conducción de valores

Buitrago introdujo un billete de 1 dólar en el primer sobre y luego fue duplicando la cantidad hasta el 9° sobre. El en 10° introdujo el resto, 489 dólares. De tal manera que los sobres contenían 1, 2, 4, 8, 16, 32, 64 y 489 dólares.

81. De encuadernaciones

1. Cortar la hoja que antes habíamos plegado siguiendo el modelo de las líneas regruesadas en negro.
2. Se obtienen dos tiras que engranan tal como se indica y una vez plegadas forman el cuadernillo.

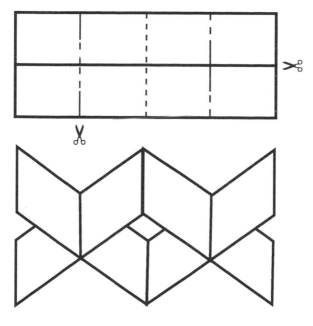

82. Adivinanza clásica

La guitarra (Federico García Lorca)

83. Años enrevesados

El año 1066 fue el de máxima diferencia con su enrevesado, a saber 9901 - 1066 = 8835.
Los años de mínima diferencia fueron el 6 y el 9; además el 1 y el 8 son idénticos con sus enrevesados. Pero si consideramos que históricamente la cuenta de los años d.c. comenzó en 532, deberían constar los años 669, 868, 898 y 996, todos los cuales presentan 30 de diferencia con sus enrevesados.

84. Cruces recortadas

1. Plegamos el cuadrado por la mitad y luego otra vez por la mitad. Hecho esto formamos un triángulo rectángulodoblando el cuadro de manera que coincidan los lados plegados. Entonces, cortamos la punta derecha procurando dejar doble altura que base y al desplegar el papel nos sale la cruz griega.

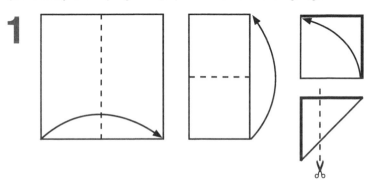

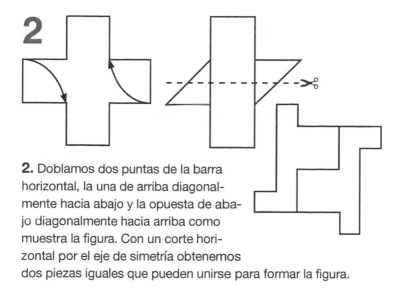

2. Doblamos dos puntas de la barra horizontal, la una de arriba diagonalmente hacia abajo y la opuesta de abajo diagonalmente hacia arriba como muestra la figura. Con un corte horizontal por el eje de simetría obtenemos dos piezas iguales que pueden unirse para formar la figura.

85. Parentescos

El retrato representa a una hija del señor Pensativo.

86. Dos adivinanzas

La vida
La nieve

87. Todas hieren pero la última, mata

Puesto que el reloj atrasa un minuto al día, pasarán 719 días y luego, el 720° indicará la hora correcta durante un día. Dicho de otro modo, el reloj es exacto una vez cada 720 días (son 60 multiplicado por las 12 horas de la esfera). Transcurridas

6 horas el reloj se adelanta en apariencia al tiempo, porque después de 24 horas de tiempo real el reloj del tacaño sólo ha recorrido 23 horas y 59 minutos.

88. La tabla de multiplicar

Todos los números son divisibles por 123.456.789. Los cocientes de las divisiones son las cifras de la tabla del nueve. Así por ejemplo, la columna de los sietes se calcula de este modo: 7 X 9 = 63 x 123.456.789 = 7.777.777.707

89. Un *putts* problemático

Don Justo saca su mechero del bolsillo y prende fuego a la bolsa de papel. De esta manera consigue liberar la bola sin perder golpe.

90. Juego de unos

11 + 1,1 = 12, 1 y 11 x 1,1 = 12,1

91. Conducción de presos

1er descenso: Dos Cornejos
1ª subida con el trineo: Un Cornejo
2º descenso: Dos Cornejos
2ª subida con el trineo: Un Cornejo
3er descenso: Dos policías
3ª subida con el trineo: Un policía y un Cornejo
4º descenso: Dos policías

4ª subida con el trineo: Un Cornejo
5º descenso: Dos Cornejos
5ª subida con el trineo: Un Cornejo
6º descenso: Dos Cornejos

92. Un récord triangular

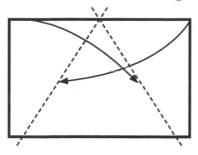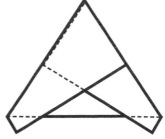

Doblar las dos esquinas superiores del papel la una dentro de la otra, de tal manera que el borde inferior quede cubierto a ambos lados. Tanteando un poco, procuraremos que la figura quede simétrica y que el lateral inferior quede con el canto en coincidencia con el pliegue dentro del cual se aloja, mientras que el lateral superior también coincidirá con el canto apoyado sobre el pliegue del lateral inferior.

Después de marcar bien los pliegues, podernos desplegar la hoja y contemplaremos el triángulo equilátero más grande que puede inscribirse en papel de formato DIN A4.

93. El lenguaje de las corbatas

La corbata del pino la lleva el señor Del Oso, pues según lo que le responde Flores éste no la lleva. Quedan por asignar, por tanto la corbata del oso y la floreada. De donde resulta que Flores lleva la corbata con el oso y Del Pino la floreada.

147

94. De bibliómanos

Esos libros no tratan de nada. Porque si el profesor Sapiencias tiene más libros que palabras hay en un libro, y no se encuentran dos libros con tantas palabras en el uno como en el otro, quiere decir que son libros vacíos, libros de hojas en blanco. Pues de lo contrario se hallarían al menos dos libros con igual número de palabras. Y el profesor Sapiencias ha dicho que son muchos más, es decir que tiene los estantes llenos de falsos libros para darse importancia, ¡o será tal vez que los agotó leyéndolos!

95. Entre Escila y Caribdis

Cada vez que se tropieza con un escicardo, Peregrino le pregunta: «¿Tú eres embustero?». A esta pregunta, lo mismo el verídico que el embustero contestarían con la negativa. La segunda pregunta determina con quién se las tiene el terrícola: «¿Si pregunto a la otra mitad de los escicardos, me contestarían lo mismo?». A esto el verídico responde necesariamente que sí, y el embustero no menos necesariamente que no. El mismo resultado se obtendría tomando como primera pregunta «¿Tú eres verídico?», a lo que tanto los verídicos como los falsos contestarían que sí; la segunda pregunta sería igualmente negada por el embustero.

96. Vida de boticario

Redomas extraerá una muestra de cada frasco utilizando la pipeta. Del primero tomará una pipeta, del segundo dos pipetas, del tercero tres, y así sucesivamente. Todas las extracciones las irá echando en un platillo de la balanza, y tras efectuar la pesada, comparará el resultado con el peso teórico que debían tener.

La cantidad de décimas de pipeta faltantes dirá el número de la botella que contiene el extracto equivocado (y más ligero).

97. Adivinanzas domésticas

1. Las moras
2. La nigua
3. La gallina
4. La sartén
5. El clavo
6. El hacha
7. El jabón
8. El reloj

98. En la alquería no hay medidas de litro

1. Llenar la lechera de 5 litros. Con ella llenamos seguidamente la lechera de 3. En la lechera grande quedan 2 litros.
2. Vaciamos en cualquier parte la lechera de 3 litros y le echamos los 2 litros que quedaron en la lechera grande.
3. Llenamos de nuevo la lechera de 5 litros, y luego rellenamos a tope la de 3 litros, que contenía 2. De este modo se resta 1 litro a la lechera de 5 y se tiene el volumen pedido de 4 litros.

99. El huevo de 4 minutos

Karl debió pedir expresamente un huevo duro. Porque teniendo en cuenta la altitud que alcanzan los Alpes, el agua hierve a menos de 100 grados y el huevo debió pasarse por agua dos minutos más, como poco, para obtener la misma consistencia que un huevo hecho en 4 minutos en los Países Bajos.

100. Media sobrina

El hermano de Lisa es el padre de la criatura.

101. La herencia de Ricote

Si esta historia le ha recordado el cuento de los camellos, tan repetido en todos los libros de pasatiempos, no crea que ha sido casualidad. Para explicar por qué funcionó el reparto, el notario tuvo que acudir a la calculadora. Una breve comprobación basta para establecer que Ricote sólo repartió 39/40 de sus propiedades entre los criados. Pero como un todo no puede repartirse hasta totalizar una fracción de sí mismo, la división jamás habría funcionado. Con la idea del notario, cada uno recibió un poco más de lo que le tocaba. Pero si la casa 40ª hubiese estado terminada, el reparto habría resultado mucho más problemático.

102. Ingeniero agrónomo

En realidad no se ha dibujado ningún árbol, pero sí pueden contarse raíces y coronas, mirándolos del derecho o del revés.

103. Relojes para cocer huevos

Cascarrabias da vuelta a los relojes. Cuando se ha vaciado el de un minuto, coloca el huevo en el agua hirviendo, y espera a que se vacíe el de cuatro minutos, lo cual medirá el transcurso de tres minutos. Entonces da la vuelta a los relojes, y espera a que pasen otros cuatro minutos antes de sacar el huevo del agua.

104. Un problema de peso

Las pesas son de 1, 3, 9 y 27 kg. Con estas pesas siempre encontraremos una combinación. Por ejemplo para pesar 23 se coloca la pesa de 27 en un platillo y las de 3 y 1 en el otro.

105. Tres adivinanzas

1. El afeitado (con navaja y espuma)
2. El capón
3. La camiseta

106. Enigma eterno

La hermana de Luisita nació en un año bisiesto. En los años que no lo son, coinciden los días de febrero y marzo de la misma fecha.
Si hubiese resuelto usted este problema, en 1999 la hermana de Luisita tendría entonces tres años. Si se plantease en el 2001 la criatura tendría un año, siendo de suponer que con cinco años de edad su hermana no podría llevarla en brazos.

107. Enigma no eterno pero sí antiquísimo

Los tres bebedores apuraron ocho litros de vino, es decir 2 2/3 por barba. Por consiguiente Peregrino regaló 1/3 de litro de su vino, y Pensativo 2 1/3 del suyo, o lo que es lo mismo, 7/3. De ahí que se dijese que le tocaban a Pensativo 7 jamones y a Peregrino 1 jamón.

108. Ser y parecer

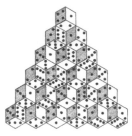

Dada la naturaleza de la figura, naturalmente se puede interpretar que una
cara pertenece a un dado o a otro. En
total suman 15 los dados que no pue-
den cumplir la regla ya que dos de las tres caras visibles, es
decir contiguas que no opuestas, suman siete.

109. Fragor de batalla

Las amazonas y el Amazonas, así llamado por el explorador
español Orellana que peleó contra unas mujeres guerreras a
orillas del que se conocía entonces como el río Marañón.

110. Vengadora terrible

Fue Kriemhild, de la saga de los Nibelungos, quien así vengó la
muerte de Siegfried y acabó con el malvado Hagen.
Quizá no esté fuera de lugar recordar aquí que nibelungos no
los hercúleos guerreros rubios de la leyenda germánica, sino
unos enanos servidores de los dioses y encargados de guardar
los tesoros de la tierra. De ahí la extrañeza de algún futbolista
alemán, hace bastantes años, cuando algún cronista deportivo
español mucho más bajito que él, se empeñaba en llamarle "el
nibelungo". ¡No entendía por qué lo calificaba de enano!

111. La cuadratura de la edad

La dama tiene entre 41 y 49 años. Según sus propias afirmaciones tendría 36, seis al cuadrado, que dividido entre 9 (tres al

cuadrado) da 4 (dos al cuadrado). Pero como hace cinco años que viene diciendo los mismo, debe tener por lo menos 41.

112. Otra de edades

El tío tiene 30 años y el sobrino 20.

113. Teoría de los colores

Chanel opinaba que una mujer bien vestida no debe lucir más de dos colores diferentes en toda la indumentaria.

114. Tómbola

Supuesto que hubieses salido en el sorteo la combinación que se va a decir seguidamente, la señora de Ricote podía excluir contra una probabilidad de 1:6 la posibilidad de tener que entregar los dos Porsche, pese a las numerosas pistas suministradas

Amelia sacó el vale del Porsche rojo.
Blanca ganó el ciclomotor blanco.
Córdula sacó el vale del Porsche blanco.
Dorina ganó el ciclomotor rojo.

Conociendo sus propias ganancias y con las pistas suministradas por la señora de Ricote, Blanca y Dorina podían deducir lo que habían sacado las demás. En cambio Amelia y Córdula solo supieron que tenían un vale para un Porsche; en cuanto a las ganancias de las demás, se vieron obligadas a dar palos de ciego.

115. Gatomaquia

Son 380 pies y 100 cabezas. Suponiendo que estas fueses todas de gatos, totalizarían 400 pies. En cuyo supuesto sobran 20 pies y éstos son los que se deben asignar a los humanos y restar del número de cabezas de gatos el correspondiente número de cabezas humanas. De donde resulta que son 10 criadores y 90 gatos, los que han acudido a la exposición.

116. La piscina de Muchaplata

15 horas.
En una hora el primer surtidor llena 1/30 de piscina; el segundo 1/40 y el tercero 1/120 (por las horas que hay en cinco días). Sumando los tres caudales da 8/120 = 1/15 de piscina a la hora.

117. Plegar un cuadrado mágico

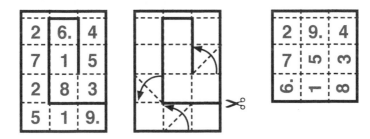

1. Recortar la hoja siguiendo el dibujo de línea continua que se indica
2. Plegar los recuadros marcados (los del 5, el 1 y el 2) por la diagonal y hacia las direcciones de las flechas, con lo cual entrelazamos las dos franjas. Prestamos atención a que el 3

se pliegue hacia la derecha para que pase por encima del 5, el 1 quede cubierto por el 9 y el 2 desparezca detrás del 7. De este modo quedará finalmente en nuestras manos el cuadrado mágico que se representa.

118. Pies por pulgadas

Una de varias soluciones posibles es 9 pies y 2 pulgadas, con lo que el tubo entregado medía 2 pies y 9 pulgadas.

119. Mendigo al vecino

La especulación no tiene ningún fallo; efectivamente Listillo se hará cada vez más rico, porque ha dejado de existir la paridad entre las monedas. Las ganancias de Listillo salen de los dos principados de opereta que pierden prácticamente un 10 por ciento cada vez que alguien cambia divisas. La moraleja es que aquellos estados que quieren imponer cotizaciones artificiales, en la práctica se ven obligados a implantar el control total sobre la moneda extranjera.

120. La cuenta de la lechera

Si se suman los números de las columnas derecha e izquierda tal como los dispuso Linda, en efecto da el mismo resultado en ambos lados, a saber, 1.083.676.269.
Pero sumando según las reglas de la aritmética, es decir, por columnas de igual potencia decima, resulta:

A la izquierda: **137.174.205**
A la derecha: **1.083.676.269**

121.Un laberinto de números

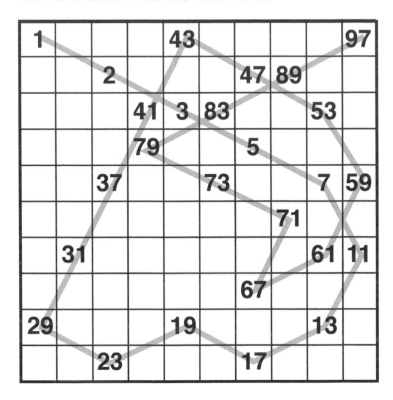

El camino aludido es el que recorre la serie de los números primos comprendidos entre 1 y 100, el primero de los cuales es el 1 y el último el 97.

122. Preguntas breves, respuestas fulgurantes

1. "L", el carácter romano de valor 50
2. En arábigos 999/ 9/9 o en romanos "M" que equivale a mil.

3. Escribir diecinueve en romanos, XIX, y quitarle la I que vale uno.

4. Una fila de tres.

5. Cualquier número.

6. Nueve exponente nueve exponente nueve da una cantidad que se escribiría con más de 369 millones de guarismos y necesitaría varios volúmenes.

7. 98415 son 15 segundos más de los que tiene el día.

8. La resta 954 − 459 = 495.

123. Un juego muy antiguo

Los dados. La adivinanza alude al hecho de que primitivamente se hacían de la taba (hueso astrágalo, que quiere decir "de la Vía Láctea") de los huesos sacrificados.

124. Juego de tablero

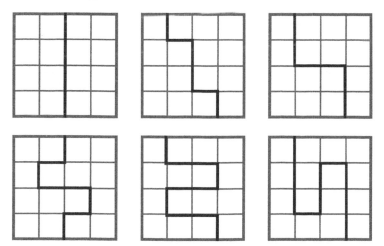

Sólo hay seis maneras de cortarlo en dos mitades iguales.

125. A saltos por el campo

Como notación para indicar la solución hemos numerado las casillas. Puesto que en cada movimiento la ficha sólo puede dirigirse a un único recuadro vacío, bastará un solo número expresando cuál es la ficha que se mueve: 21, 13, 32, 24, 45, 33, 14, 22, 43, 55, 34, 13, 32, 11, 23, 31, 12, 24, 32, 44, 52, 33.

51	52	53	54	55
41	42	43	44	45
31	32	33	34	35
21	22	23	24	25
11	12	13	14	15

126. Tres ladrillos

Se dispone de las siguientes 26 colocaciones posibles de tres fichas de dominó según las reglas que ha dado Raposo.

127. Dados compuestos

Dos supercaras opuestas deberían contener únicamente doses, y las otras cuatro deberían estar formadas cada una de dos treses y dos unos.

128. Tres adivinanzas

1. Los reyes de la baraja
2. El ataúd
3. La lengua

129. Candlelight dinner

El relato de Lisa debe ser falso porque el comisario ha visto las velas largas en los candelabros del comedor, y después de una cena de ocho platos deberían estar bastante consumidas.

130. ¿Suicidio o asesinato?

Para ahorcarse el hombre se subió a un bloque de hielo; más tarde, el hielo se fundió y quedó el charco de agua.

131. Asesinato antes de medianoche

El comisario manda detener a la excondesa y al joven jardinero porque han mencionado detalles que sólo podían conocer los asesinos. La excondesa supo que existía un nuevo testamento peses a no haberse hallado sobre la mesa más que borradores, luego ella debió quedarse con la versión definitiva y firmada. El jardinero sabe que el conde fue asesinado por la espalda pese a estar el cadáver tumbado boca arriba y con un orificio en el pecho que excepto, para un forense, podía pasar por ser el de entrada del tiro.

132. Una coartada casi perfecta

El comisario les preguntó qué lugares habían ocupado alrededor de la mesa durante la partida. Como no se les había ocurrido ponerse de acuerdo sobre este detalle, esta vez no hubo coincidencia en las respuestas. Hay 24 ordenaciones posibles y la probabilidad de que dos de los hermanos diesen la misma secuencia se reduce a 1:48.

133. El interrogatorio

1- "Luis robó el collar."
2 - "Gorka no ha robado el collar."
3- "Eduardo no tiene nada que ver con los billetes falsos."

Si la declaración 1 fuese verdadera, también lo sería la 2. Por consiguiente 1 debe ser falsa y Luis no robó el collar. Si ahora 2 fuese verdadera, el ladrón del collar sería Eduardo. Pero entonces también sería verdadera la afirmación de que Eduardo no tiene que ver con los billetes falsos. Luego la 2 es falsa y el ladrón del collar es Gorka. Y como la 3 es verdadera, el ladrón del equipo estéreo es Eduardo, y Luis imprimió los billetes falsos.

134. Lo celebró demasiado pronto

El visitante vio el purito del inspector, todavía humeando en el cenicero. Puesto que Inocencio fumaba un cigarrillo, evidentemente no estaba a solas.

135. Criptografía

Uno, dos, tres, cuatro, cinco, seis, siete, ocho, nueve, diez.

136. Criptograma

Nadaré donde Rosarito nada (nada-redondel-aros-arito-nada).

137. Echar margaritas a los cerdos

Esta frase hecha significa:

c) Reglar a quien no tiene capacidad para apreciar el valor de las cosas.

De la *Biblia*, Mateo 7, 6.

138. ¿Cómo se llama el miedo a los espacios abiertos y los lugares públicos?

d) Agorafobia, por el ágora o plaza pública de los antiguos griegos.

139. Tiralevitas

Palabra que significa:

b) Un adulador, de quien se dice en sentido figurado que se dedica a alisar la ropa de la persona adulada.

140. ¿Qué es un estromatolito?

c) Una piedra compuesta de organismos mineralizados.

141. Punto de inflexión

b) El punto donde la tangente corta la curva, por pasar esta de convexa a cóncava o viceversa.

142. Parafernalia

d) Cosas anejas. En el diccionario leemos la definición "lo que rodea a algo haciéndolo ostentoso, llamativo o solemne".

143. ¿Sabemos qué es el nadir?

a) y b) serían opciones posibles, c) debería escribirse nádir.

144. La edafología es:

b) el estudio del suelo desde los puntos de vista físico, químico y biológico.

145. Hablar por boca de ganso

Frase hecha que significa: a) repetir lo que ha dicho otro, como los gansos que cuando grazna el primero le imitan los demás.

146. Horas de reloj

Callado se vuelve hacia la derecha y ve media esfera de reloj. Por tanto, está viendo las horas comprendidas entre las doce y las seis. La aguja pequeña queda oculta detrás de la esquina. Por consiguiente saldrá después de las doce, y puesto que al mirar le ha dado el sol en la cara, deducimos que saldrá por la tarde.

147. De gatos y ratones

Zoquete lo es realmente y por partida doble. Desde el punto de vista puramente aritmético, sus cinco gatos le bastarían para cazar cien ratones en cien minutos; solo le faltaría convencer a los gatos para que se avinieran a realizar esa productividad realmente estajanovista, sobre todo una vez que tuviesen las barrigas llenas.

148. Por docenas es más fácil

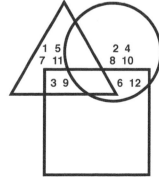

149. Cola de espera

El 14 es lo primero que viene a la mente, pero la respuesta es 15 clientes. Para verlo claro, suponga que solamente están esperando los números 17, 18 y 19. En tal caso, 19 - 17= 2, pero hay tres clientes, no dos. La regla general es que hay que restar los dos números extremos y sumar uno.

150. Círculo mágico

Si agrupa los números como se muestra en la siguiente figura, podrá ver que la suma de los números de cada grupo es igual a 15. Tenemos 4 + 5 + 6 =15; 7 + 8 =15; 9 + 1 + 2 + 3 = 15.

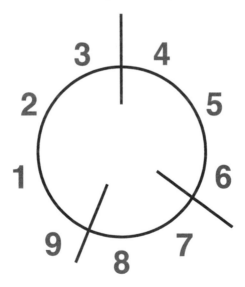

151. ¿Quién es más rápido?

Para correr ocho veces la distancia, Héctor tardaría 64 minutos. Pero Darío recorre esa distancia total en 60 minutos, luego Darío es el más rápido. Podríamos preguntarnos también si Héctor sería capaz de mantener el ritmo de su carrera durante una hora. Pudiera ser que sí, pero en caso contrario la ventaja de Darío sería aún mayor.

152. Huevos en el acto

¿Ya adivinó cuál es la trampa? Si el cazo con agua es lo bastante grande, los cuatro huevos pueden cocerse a la vez, de modo que en tres minutos y medio tendremos los cuatro huevos cocidos, el mismo tiempo que se tarda para uno solo.

153. La estudiante promedio

Tres trabajos de cinco estrellas resuelven el problema. Entre todos suman 3 x 5 = 15 estrellas. Sumando la única estrella del primer trabajo, tendremos 16 estrellas para cuatro trabajos, lo cual equivale a un promedio de cuatro estrellas por trabajo. Considerando el problema desde otro punto de vista, observe que el trabajo de una estrella difiere en tres del promedio deseado de cuatro estrellas. Cada trabajo de cinco estrellas aporta un punto al promedio, así que faltan tres trabajos para equilibrar las cosas.

154. Jugando a las damas

Cada uno de los cinco muchachos interviene en cinco partidas, así que aparentemente deberían ser 5 x 4 = 20 juegos en total. Pero espere. La partida que Simón jugó contra Teo, por ejemplo, es la misma que Teo jugó contra Simón, y las partidas no han de contarse dos veces. El número real de partidas es igual a 20/2 = 10.

Desde otro punto de vista, supongamos que el primer jugador juega con cada uno de los demás un total de 4 partidas. En tal caso el segundo jugador juega con los 3 jugadores restantes (distintos del primer jugador), y así sucesivamente. Se obtiene un total de 4 + 3 + 2 + 1 = 10 partidas

155. Una gran diferencia

La mayor diferencia posible se obtiene como se indica:

$$
\begin{array}{r}
\boxed{7}\ \boxed{6} \\
-\ \boxed{2}\ \boxed{4} \\
\hline
5\ \ 2
\end{array}
$$

156. Una diferencia menor

Si quisiéramos la diferencia menor posible, la operación sería:

$$
\begin{array}{r}
\boxed{7}\ \boxed{2} \\
-\ \boxed{6}\ \boxed{4} \\
\hline
8
\end{array}
$$

157. Uno y solo uno

ABC**D**EFGHIJKLMN**O**PQR**S**TUVWXYZ

158. Paloma mensajera

Los trenes se cruzan en el punto medio del trayecto, cuando llevan recorridos 300 kilómetros, después de 300/60 = 5 horas de viaje. A 100 kilómetros por hora, la paloma habrá recorrido una distancia de 100 x 5 = 500 kilómetros.

159. La cuenta atrás

A	B
C	D

Hay nueve rectángulos en total: cuatro pequeños (A, B, C y D), cuatro que se obtienen uniendo los pequeños (A-B, A-C, B-D y C-D) y, naturalmente, el más grande, A-B-C-D.

160. División corta

El número 497.637.357 se puede separar en seis partes, 49- 7 - 63 - 7 - 35 - 7, cada uno de los cuales es divisible por 7. Si se dividen las cinco partes individualmente y se colocan juntas, se obtiene la solución mostrada antes.

$$7\overline{)\begin{array}{c} 71.091.051 \\ 497.637.357 \end{array}}$$

161. Los ladrones no son gente honrada

Ninguno de los tres visitantes es culpable.
Si el Espantapájaros fuera culpable, entonces su afirmación de que el Hombre de Hojalata era inocente sería falsa, de forma que tendríamos dos culpables, lo que no puede ser. Del mismo modo, el Hombre de Hojalata no puede ser culpable, porque entonces también lo sería el León Miedoso. Y puesto que el Hombre de Hojalata es inocente, su afirmación acerca del León Miedoso debe ser verdadera. En consecuencia, ninguno de los tres es culpable, como en el fondo esperábamos.

162. Razonamiento circular

La línea C divide al círculo en dos partes iguales. Es la única línea que pasa por el centro del círculo.

163. Trato o treta

Al señor Amable le quedan 13 caramelos. Observe que si se divide 13 entre 2, 3 o 4, el resto siempre es igual a 1. Es el único número menor que 20 que tiene esa propiedad.

164. Rosquillas. Pruébelo en casa

Suponga que una rosquilla normal tiene 100 calorías. Si una baja en calorías tiene un 95 por ciento menos, debe tener 5 calorías. Por lo tanto hay que comer 20 rosquillas bajas en calorías para obtener tantas calorías como las aportadas por una rosquilla natural.

165. Conecte los puntos

Una estrella de cinco puntos resuelve la cuestión.

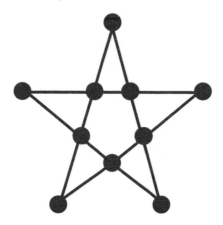

166. Menudo buñuelo

La máquina fija hace 3 buñuelos por segundo. Si tiene 4 máquinas fijas, producirá 12 buñuelos por segundo. La máquina portátil fabrica 120 buñuelos por minuto, lo que es lo mismo que 2 por segundo. Para producir 12 buñuelos por segundo se necesitarían 12/2 = 6 máquinas portátiles.

167. Un año extraordinario

El siguiente año que posee la misma propiedad será
2037: 23 + 07 = 30

168. Una división extensa

Tape la mitad izquierda de la siguiente figura del 8. Lo que queda a la vista se parece mucho a un 3, ¿no es así?

169. Como en Roma

Tape ahora la mitad inferior de la figura siguiente, que resulta ser un 9 en números romanos. Lo que queda será un 4, escrito también en números romanos.

170. Senda numérica

6	7	10	11	12
5	8	9	14	13
4	1	20	15	16
3	2	19	18	17

171. Extraño bingo

23	11	25	15	41
1	37	31	5	17
9	21	LIBRE	27	47
43	35	33	29	7
19	45	3	39	13

172. Dos trabajadores mejor que uno

Un modo de resolver este problema consiste en utilizar fracciones. El primer trabajador completa el trabajo en seis días, de forma que en un día habrá realizado 1/ 6 del total. Mientras tanto, el segundo trabajador completará 1/ 12 del trabajo en un día. Trabajando juntos, harán 1/6 + 1/12 del trabajo diariamente. Puesto que 1/6 es lo mismo que 2/12, tendremos 2/ 12 + 1/ 12 = 3 / 12, que es el trabajo total que harían en un día. Pero 3/ 12 es igual a 1/ 4, de modo que juntos completarán 1/4 del trabajo por día, y en consecuencia tardarían 4 días en hacer todo el trabajo.

Si no quiere utilizar fracciones, puede proceder de otro modo. En doce días, el primer trabajador hará el trabajo dos veces, mientras que el segundo lo hará una sola vez. Trabajando juntos, por lo tanto, terminarían tres trabajos en doce días, lo que equivale a un trabajo completo cada cuatro días (12/3 = 4).

173. Diamante en bruto

El único diamante que no es simétrico es el siete de diamantes.

174. Tres son un encanto

El artículo cuesta 17 céntimos. Para comprarlo se necesitan cuatro monedas: una de diez, una de cinco y dos de un céntimo. Para comprar dos artículos (34 céntimos) hacen falta seis monedas: una de veinticinco céntimos, otra de cinco céntimos y cuatro de un céntimo. Para comprar tres artículos (51 céntimos) solamente hacen falta dos monedas: medio dólar y un céntimo.

175. ¿Quién es el mentiroso?

Daniel es el mentiroso. Para ver por qué, examinaremos un caso cada vez, utilizando el hecho de que sólo miente una persona. Si Andrés mintiera, el número tendría tres dígitos (no podría tener solamente uno, porque no sería divisible por 25, y entonces también mentiría Daniel). Pero si el número tuviera tres dígitos, entonces o bien Bárbara o bien Silvia estaría mintiendo, porque 150 es el único número de tres dígitos divisible por 150. En consecuencia, Andrés debe estar diciendo la verdad, ya que solamente puede haber un mentiroso.

Si Bárbara mintiera, el número no sería divisor de 150. Pero en tal caso o bien mentiría Andrés o bien lo haría Daniel, porque los únicos números de dos dígitos divisibles por 25 (25, 50 y 75) son divisores de 150. Así pues, Bárbara debe estar diciendo la verdad.

Si Silvia mintiera, el número sería 150. Pero en tal caso Andrés estaría mintiendo también, ya que 150 tiene tres dígitos, no dos. Y sabemos que Andrés dice la verdad.

Así pues, la única posibilidad que queda es que Daniel sea el mentiroso, lo que resulta coherente. Si el número fuera 10, por ejemplo, Daniel mentiría, pero las otras tres afirmaciones serían todas ciertas.

176. Sin bromas

El 28 de diciembre de 2001 fue un viernes. Es así porque un año tiene 365 días, o sea 52 semanas y un día. De año en año cualquier fecha se desplaza un día. En un año bisiesto, sin embargo, cualquier fecha después del 29 de febrero avanza dos días. El año 2000 fue un año bisiesto, así que el 28 de diciembre de 1999 cayó en martes.

177. El precio de la diversión

El frisbee cuesta 3,70 €, y la pelota 2,50 €. Como puede ver, el frisbee cuesta 1,20 € más que la pelota, y juntos cuestan en total 6,20 €.

178. Guerra de tarifas

La distancia que produciría la misma tarifa en los dos contadores es un kilómetro y medio. Se explica porque el taxi de Ciudad Nube empieza siendo 25 céntimos más caro. Cada cuarto de kilómetro el taxi de Megápolis incrementa cinco céntimos, de modo que todo se equilibra al cabo de cinco cuartos de kilómetro. Pero no hay que olvidar el primer cuarto de kilómetro, lo que hará un total de seis cuartos de kilómetro, es decir un kilómetro y medio.

179. Potencias de cuatro

Ernesto obtiene el número 1.048.576. Observe que todos los números de Bias terminan en 4, mientras que los de Ernesto lo hacen en 6. Esto es todo lo que hacía falta saber.

180. Copia rápida

Ocho fotocopiadoras pueden procesar 800 hojas en 4 horas. Al duplicar el número de fotocopiadoras se duplicará la producción sin modificar el tiempo total necesario.

181. Agente 86

32	19	27	8
10	25	17	34
9	26	18	33
35	16	24	11

182. Descanso cósmico

Una historieta de 10 rublos, dos de 2 rublos y tres de 1 rublo hacen un total de seis historietas y 17 rublos.

183. El corral de la mascota

El círculo es la figura que tiene el área mayor para una longitud dada de su perímetro (la valla).

184. Buscando primos

32	16	24	33	45	28	54
40	23	2	11	5	19	12
14	36	10	55	17	34	49
6	50	38	13	22	51	20
21	35	3	46	27	18	39
9	29	48	15	4	52	26
55	44	25	8	42	30	1

El único de los diez primeros números primos que no está en el diagrama original es el 7. Pero, como puede comprobar, su silueta aparece al sombrear todos los otros primos.

185. Mirando por la ventana

Hay 15 cristales, de 15 x 25, y se tarda 30 segundos en limpiar una superficie de 15 x 25, pero tenga en cuenta que los cristales han de limpiarse por ambos lados. Esto quiere decir que se tarda un minuto por cristal, con un total de 15 minutos. ¿Cómo es que Roberto no hizo el trabajo por sí mismo y nos hubiera ahorrado las preocupaciones?

186. Pon dos céntimos

El cuaderno cuesta 25 céntimos. Arón tenía 23 céntimos y Basilio uno. Entre los dos sumaban 24 céntimos, de modo que les faltaba un céntimo.

187. Haciendo surf

El precio original de la tabla de surf era de 125 €. El veinte por ciento es un quinto, y un quinto de 125 es 25. Si se restan 25 € de 125 €, se obtienen 100 €, que es el precio de oferta de la tabla.

188. Recogiendo manzanas

¡Todas cuestan lo mismo!
Diez manzanas = 1 bolsa (5 céntimos) más 3 manzanas a 15 céntimos cada una (45 céntimos)= 50 céntimos.
Treinta manzanas = 4 bolsas (20 céntimos) más 2 manzanas a 15 céntimos cada una (30 céntimos)= 50 céntimos.
Cincuenta manzanas = 7 bolsas (35 céntimos) más 1 manzana a 15 céntimos (15 céntimos) = 50 céntimos.

189. Sorpresa de cumpleaños

El profesor había olvidado que en la clase había un par de gemelos idénticos. Al parecer, se trata de una historia cierta, siendo el profesor en cuestión el famoso lógico y autor Raymond Smullyan.

190. Salto generacional

El abuelo Juan tiene 78 años. Sus cuatro nietos tienen 18, 19 20 y 21 años. Observe que $18 + 19 + 20 + 21 = 78$. La suma de cuatro números consecutivos no puede valer 76 ni tampoco 80. En general, la suma de cuatro números consecutivos nunca será divisible por 4, y ocurre que 76 y 80 sí lo son.

Ejercite su rapidez mental y ponga en forma su cerebro.

- Juegos para mejorar la visualización espacial.
  - Juegos para descubrir su capacidad deductiva.
- Ejercicios para relacionar el desplazamiento de figuras en el espacio.
- Descubrir patrones para proseguir secuencias numéricas.

Agudice su ingenio y estimule sus neuronas.

- Pasatiempos con formas geométricas.
  - Jeroglíficos enigmáticos.
  - Juegos de palabras.
- Acertijos de lógica e intuición.